JN408887

마음으로 보는 세상

마음으로 보는 세상

| 김주훈 수필집 |

도서출판 천우

●머리말

초등학교에 입학해서 처음으로 일기 검사를 받던 날의 기억은 아직도 잊을 수가 없다. 선생님께서 "참 잘 했어요"라고 적힌 도장을 꾹 찍어 주셨기 때문이다.

그리고 "우리 주훈이는 이다음에 커서 작가해도 되겠네!"라는 코멘트를 내 일기장 맨 마지막 줄 옆에 첨삭해 주셨다.

선생님의 칭찬은 그날 이후로 지금까지 내게 일기 쓰는 일을 거르지 않도록 만든 힘의 근원이 되었다.

그날 우리반 친구들의 일기장엔 모두 똑같은 내용의 코멘트가 달렸다는 사실을 까마득히 몰랐던 나는 바닷가의 은모래처럼 빛나던 선생님의 첨삭 한 줄을 내 마음속에 굵은 밑줄로 그어놓고 다른 친구들보다 뛰어난 일기를 쓰기 위해서 온갖 정성을 쏟았다.

작가가 무슨 뜻인지도 모른 채 시작된 나의 글쓰기는 학년이 올라갈수록 문학에 대한 호기심과 궁금증을 키워나갔다.

그것은 오늘 나의 첫 수필집을 탄생시킨 계기가 되었다.

2007년 여름
김주훈

●축하의 글

발칙한 도전의 표상

유한근
(문학평론가 · 한성디지털대학교 교수)

문학을 시작하는 학생들에게 나는 '발칙' 함을 이야기해 주곤 한다. 발칙한 상상력을 요구한다. 발칙함 속에는 번뜩이는 창의성이 함의되어 있기 때문이다. 발칙함이 곧 새로운 세상, 그 지평을 여는 힘이 되어주기 때문이다. 우리의 세상은 언제나 그곳에 그대로 있다. 세상은 끊임없이 변화하고 있지만 우리가 욕구하는 새로움만큼 변하지는 않는다. 우리가 열망하는 아름다운 유토피아를 마술처럼 보여주지는 않는다. 그래서 글은, 글 쓰는 이는 발칙함으로 세상을 뒤집어 보기도 하고, 가랑이 사이로 세상을 올려다보기도 하고, 모딜리아니의 여인의 목처럼 길게 뽑아 올려 비스듬히 세상사를 내려다보기도 한다. 그리고 끝내는 인간의 깊은 내면에 똬리 틀고 있는 은밀한 감성이나 원형질적인 그 무엇을 탐색하기도 한다. 그 결과물이 하나의 새로운 세계를 보여주는 글이다.

김주훈 군의 글을 일별하면서 나는, 그가 보여주는 세계가 무엇인가, 그가 바라보는 세상이 어떤 세상인가, 그리고 그의 환상은 무엇인가를 탐색하려 했다. 하지만 이보다 먼저 발견할 수 있었던 것은 그의 인품이다. 인품이라는 말이 그의 나이와 걸맞지 않으면 인간성 혹은 마음이라 해도 좋다. 그의 마음은 어느 한쪽으로 기울지 않은 '평행감각' 을 지니고 있었다. 그가 바라보는 세상은 넓으며, 그가 섭취하는 지식은 편식이 없으며, 그가 쓰고 있는 글의 색깔은 파스텔톤의 그윽

함이 배어 있었다. 안정적이었다. '엘리베이터를 이용할 때만이라도 우리들 몸속에 흐르고 있는 이기적 유전자는 아낌없이 버렸으면 좋겠' 다는(「이기적 유전자」 중에서) 여유가 있었고, '외할아버지 생각이 날 때마다 내 책상 두 번째 서랍 누런 서울은행 봉투 속에 잘 보관해 놓은 새총을 꺼내서 만지작거리며 추억' (「외할아버지와 새총」 중에서)의 소중함과 할아버지로부터 얻은 지혜를 환기하는 슬기로움을 발견할 수 있었다.

뿐만 아니라, 「낯선 기호」에서 보여주고 있는 우리 민족이 풀어야 할 남북문제와 같은 그의 역사적 상상력과 「얼음 무지개」에서 보여주고 있는 장애우에 대한 따뜻한 시선 등을 쉽게 읽을 수 있었다. 이렇듯 김주훈 군이 바라보는 세상은 개인적인 일상을 뛰어넘어 우리 민족의 문제와 세계인의 관심 영역까지 뻗어 있어, 그가 예비하고 있는 시대적 혹은 역사적 상상력이 갖고 있는 가능 지평이 무한히 열려 있음을 확인케 한다.

하지만, 이러한 시대적 혹은 역사적 상상력은 미학적 상상력의 바탕 없이는 실현 가능성이 크지 않다. 이 점을 김주훈 군은 잘 알고 있는 듯하다. 「담쟁이」의 서두인 '어느 시인의 말처럼 담쟁이는 푸른 절망인지도 모르겠다. 그렇다. 푸른 절망이다.' 처럼, '담쟁이' 라는 사물을 푸른 절망으로 인식한 시인의 마음과 공감할 수 있는 상상력이 그에게는 있기 때문이다. 그리고 담쟁이의 푸른 절망, 그것을 도전 정신의 상징으로 인식하고 자신의 성숙과 희망을 추론해내는 힘을 가지고 있기 때문이다.

나는 앞에서 김주훈 군의 글을 문학의 어느 한 장르에 소속시키지 않았다. '글' 이라는 말로 통칭했다. 이 한 권의 책에 실려 있는 글들은 통칭하여 '산문' 이라 할 수 있을 것이다. 일상적인 삶의 단편을 그린 일기처럼, 수기처럼, 그리고 콩트처럼, 때로는 하나의 메시지를 전달하기 위한 목적을 가진 칼럼 같은 글로 쓰여 지고 있기 때문이다. 굳이 이 산문의 장르를 규정하라면 '에세이' 로 불려야 할 것이다. 수필이라는 개념의 에세이가 아니라, 에세이의 어원인 희랍어 'EXGERE'. '무엇인가 새롭게 시도한다' 는 의미를 가진 에세이로 규정해야 할 것이다.

김주훈 군의 가능성은 그의 글의 장르적 의미처럼 무한하다. 무엇인가를 새롭게 시도할 수 있는 자질을 가지고 있다. 그렇기 때문에 나는 김주훈 군에게 꼭 문학을 전공하라 권하고 싶지는 않다. 문학은 우리 주위에 언제나 있어 접할 수 있고 취할 수 있기 때문이며, 그의 발칙한 창의성이 이 세상의 더 큰 지평에 도전하기를 바라기 때문이다.

김주훈 군의 산문집 발간을 축하하며, 그동안의 삶의 기록이라 할 수 있는 이 책만으로 그칠 게 아니라, 정신적인 삶의 기록이 어떤 형태로든 계속되길 바란다.

| 차례 |

●머리말

●축하의 글 … 발칙한 도전의 표상 | 유한근

1 마음으로 보는 세상

네 잎 클로버 • 13 | 전교 학생회장 선거 • 17
마음으로 보는 세상 • 20 | 이기적 유전자 • 22
나눌수록 커지는 행복 • 24 | 행운목 꽃이 피었습니다 • 28
아름다운 사람들이 머무는 곳 • 32 | 학생증을 맡기고 • 35
누구일까 • 38 | 미소 • 42 | 체육 시간 • 45
몽당이 나라 길쭉이 나라 • 49 | 영화 속 과학의 모순 • 52

2 오후 4시의 숲

뫼비우스의 띠 • 57 | 서울역 시계탑 • 59
성균관대학교 백일장 • 63 | 서바이벌 게임 • 65
매듭 • 67 | 낯선 기호 • 70 | 봄과 나무 • 72
어머니 울지 마세요 • 74 | 민들레 • 78
기억의 습작 · 1 • 81 | 기억의 습작 · 2 • 85
기억의 습작 · 3 • 88 | 바이올렛 향기 • 91
미술 시간 • 93 | 인연 • 96 | 오후 4시의 숲 • 98
담쟁이 • 100 | 틈 • 102 | 바코드 • 104

3 얼음 무지개

비상구 • 111 | 청소년 흡연 • 113
푸른 섬 독도 • 116 | 바다 산책 • 119
우리 겨레의 영원한 스승 • 122
어긋난 플러그 • 127 | 얼음 무지개 • 133
봄의 왈츠 • 136 | 내 마음의 풍금 • 140
내가 본 제주도 이야기 • 144 |
정동진의 두 얼굴 • 152 | 화성 답사 • 155
선택 • 158 | 그래서 한반도는 꿈을 꾼다 • 162

●해설 … 행복 철학의 이중주 | 정남채

1

마음으로 보는 세상

나는 평소에 행복이란 비장애인들만이 느낄 수 있고, 비장애인들만이 가질 수 있는 아주 특별한 것으로 생각했습니다. 그러나 소아마비 아저씨와 꼽추 아주머니로부터 배웠습니다. 행복은 자신에게 주어진 일을 소중히 다룰 줄 아는 사람, 지치도록 격정적으로 노력하며 뜨겁게 살아가는 사람 곁에 머무는 것이라는 걸 말입니다.

네 잎 클로버

화성 성곽 순례를 하다가 동북공심돈 근처 잔디밭에 무더기로 자라고 있는 클로버를 보았습니다. 갑자기 행운을 잡고 싶다는 생각이 들었습니다.

"누나! 우리 네 잎 클로버 찾을까?"

"그래, 좋아."

나의 행운 찾기 제안에 누나는 흔쾌히 찬성하였습니다. 우리는 가던 길을 멈추고 나란히 쪼그려 앉아서 네 잎 클로버를 찾기 위해 풀들을 이리저리 뒤적거렸습니다.

"찾았다."

얼마 지나지 않아 누나가 소리쳤습니다.

"정말?"

"그럼, 이것 봐. 하나, 둘, 셋, 넷! 맞지?"

누나는 클로버 이파리가 밑으로 향하게 줄기를 거꾸로 들고 흔들며 좋아했습니다. 생각보다 이파리는 넓지 않았습니다. 아직 연둣빛을 띠고 있는 줄기는 약해 보였습니다. 더 많은 봄비와 따사로운 햇살이 필요할 것 같았습니다. 저도 꼭 네 잎 클로버를 찾고 싶었습니다. 네 잎 클로버를 따면 소원이 이루어진다는 전설 때문입니다.

"아싸! 또 찾았다."

내가 엉뚱한 생각에 잠겨 있을 때 누나는 두 번째 행운을 잡았다며 처음보다 더 호들갑을 떨었습니다.

"아, 뭐야? 왜 누나만 찾아……."

"너도 마음을 비우면 보일 걸."

누나는 방금 찾은 클로버 줄기를 내 눈앞으로 갖다 대면서 어깨까지 으쓱했습니다.

나는 그런 누나를 향해 괜스레 짜증을 내었습니다.

"내 마음에서 비울 게 뭔데?"

"으음—"

누나는 선뜻 대답을 하지 못하고 한참을 생각하더니,

"맞다. 요행!"

이라고, 말했습니다.

"나, 요행 같은 것 바란 적 없는데."

"없다고?"

"그래, 없어."

"너는 지금 수험생이야."

"그게 요행하고 무슨 상관인데……."

나는 계속하여 퉁명스럽게 대꾸하였습니다. 그러면서도 눈동자는 무리 지어 서식하고 있는 세 잎 클로버 속을 정신없이 뒤적뒤적 휘젓고 있었습니다.

누나의 말처럼 나는 어쩌면 요행을 바라고 있었는지도 모릅니다.

풀어야 할 문제집은 너무 많은데 시간이 자꾸 흘러가는 게 나를 점점 더 불안하게 하고 그 불안한 마음을 어딘가에 잠시 묶어두고 싶었던 것입니다.

언젠가 텔레비전을 보다가 세 잎 클로버는 행복이고, 네 잎 클로버는 행운이라는 말을 들은 적이 있습니다. 저는 행복이라는 말도 좋아하고, 행운이라는 말도 좋아하지만 어쩐지 세 잎 클로버 속에 숨어 있는 네 잎 클로버를 찾고 싶은 마음을 숨길 수가 없었습니다. 갑자기 제가 요행을 바라고 있는지도 모른다는 생각이 들었습니다. 솔직히 그랬습니다. 누나한테 아니라고 말했지만 저는 마음속으로 몰래 주문을 외우고 있었습니다. 11월 15일에 치러질 대입 수학능력 시험에서 좋은 결과가 나오기를 소망하는 마음으로 네 잎 클로버를 찾고 있었던 것입니다. 그런 우연 같은 건 있을 수 없다는 걸 잘 알면서도 제 속마음을 누나한테 들켜버린 것이 못내 아쉬웠습니다.

"이것 봐."

이런 내 마음을 아는지 모르는지 누나는 막대기로 땅바닥에 뭔가를 한참 긁적이더니 내 팔을 흔들며 말했습니다.

"알파벳 'CLOVER' 속에는 'LOVE' 란 단어도 숨어 있거든. 그러니까 행운을 찾겠다고 너무 집착하지 마. 모든 것은 네 마음속에 다 들어 있단다."

그랬습니다. 누나는 세상에 쉽게 얻어진 것은 아무것도 없다고 말했습니다. 행복, 행운, 사랑도 최선을 다한 후에 받은 노력의 선물이라고 충고하였습니다. 나는 한 마디 대답도 하지 못한 채 고개만 끄덕끄덕하면서 땅바닥에 이렇게 적었습니다.

"이제부터 공부 열심히 할게."

누나는 원하는 답을 얻었다는 듯 엷은 미소를 보냈습니다.

"이것, 너 가져."

"내가 이럴 줄 알았다니까. 누나, 고마워!"

나는 네 잎 클로버 두 장을 다이어리 속에 바르게 펴서 넣고 장안문을 향해 힘차게 걸어갔습니다.

전교 학생회장 선거

수성고등학교 2007학년도 전교 학생회장과 부회장를 뽑는 날이다. 어제 아침까지만 해도 교문 안팎은 온통 자신이 지지하는 후보를 알리기 위해 어깨띠를 두르거나 피켓을 들고 학교가 떠나갈 듯이 쩌렁쩌렁 외치는 선거 운동원들의 함성으로 활기가 찼었다. 그러나 오늘 아침에는 몇몇 후보의 선거운동원들만이 나와서 마지막 지지를 호소할 뿐, 등굣길은 요 며칠 사이의 분위기와 비교가 되지 않을 만큼 한산하고 조용했다.

나도 이번 전교 학생회장 후보로 등록을 마치고 여러 친구들의 도움을 받아 정해진 선거 운동 기간 동안 어느 후보 못지않게 열심히 홍보를 하였다. 가만히 앉아 있어도 땀이 줄줄 흘러내릴 만큼 덥고 습한 칠월에 발목까지 내려오는 아버지의 까만 겨울 바바리코트를 입고, 까만 선글라스를 끼고, 머리엔 중절모를 쓰고, 전교 학생회장 후보 기호 2번 김주훈이라고 써 있는 어깨띠를 두르고, 선거 운동원들과 함께 각

반 교실을 차례로 돌면서 소중한 한 표 한 표의 지지를 호소하였다.

입시 준비에 여념이 없는 3학년 선배들의 교실을 방문할 때는 조심스럽고 미안했다. 그러나 이런 내 마음과는 달리 선배들은 나를 반겨주었다.

"야! 너 작년에 부회장 후보도 나왔었지? 그치?"

"네, 맞습니다. 선배님! 잘 부탁드립니다."

"야야, 걱정 마라. 근데 작년에 썼던 스크림 가면은 이제 안 쓰냐?"

"네, 이번에는 컨셉을 바꿨습니다."

"푸하하하… 그래, 이번 컨셉도 조오타. 마음에 들어."

비록 작년에 부회장 선거에 출마했다가 쓰디쓴 패배의 눈물을 꿀꺽 삼켜야 했지만 1년이 지난 일을 아직까지 기억해 주는 선배들이 있다는 것만으로도 마음이 든든했다. 그래서인지 은근히 기대가 되었다.

문제는 1학년 후배들이었다. 그들에게 보다 강한 이미지를 심어주는 것이 관건이었기 때문이다. 나를 지지하는 운동원들과 머리에 머리를 맞대고 생각해낸 것이 바로 위에서 말한 컨셉이었던 것이다. 후배들 역시 뜨거운 반응을 보였다.

드디어 투표를 하는 날이다. 아침 일찍 전교 학생회장과 부회장에 출마한 후보자들은 방송실에 모여서 처음이자 마지막 합동 연설을 하였다. 엊그제 제비뽑기에서 2번을 뽑은 나는 여섯 명의 후보자 가운데 두 번째로 연단에 섰다. 학교에서 밤 11시에 수업을 마치면 곧바로 스피치 학원으로 가서 새벽 2시까지 지도를 받은 탓에 나는 비교적 순탄한 연설을 하였다.

모든 후보자들의 연설이 끝나자 곧바로 투·개표가 이루어졌다.

선거 운동 기간 동안 피부로 느꼈던 지지율과는 달리 예상 밖의 결과가 나를 다시 한 번 무너지게 했다. 무엇보다 나를 위해 헌신적 수고를 아끼지 않았던 친구들과 응원해 준 선·후배 유권자들에게 미안

했다. 고등학교에 입학해서 두 번의 전교 학생회장단 후보에 출마하여 두 번 모두 낙선을 한 내 자신이 한심하고 무능하다는 생각이 들어서 며칠을 패닉 상태에 빠져 지냈다.

이런 나를 다시 깨어나게 한 것은 오래 전에 아버지께서 생일 선물로 주신 『오체불만족』이라는 책이었다. 지금보다 훨씬 어렸을 적에 그 책을 읽고 감동했던 기억이 아직도 생생하다.

저자인 오토다케 히로타다는 1976년 일본 도쿄에서 팔다리가 없는 선천성 사지 절단증 장애를 가지고 태어났다. 머리와 몸통이 신체의 전부인 그는 전동 휠체어에 의존해서 살아가지만 누구보다 활동적이고 적극적인 학교생활을 했다. 그는 장애를 장애로 받아들이지 않고 자신의 한계에 끊임없이 도전했다. 그에게 있어 장애란 조금 불편할 뿐이지 어떤 일을 하는데 있어 결코 걸림돌이 아니었던 것이다. 도저히 불가능할 것 같은 미식 축구부에 들어가서는 선수로 뛸 수 없는 자신의 처지를 인정하고 데이터 정리를 하는데 심혈을 기울여 최선을 다했던 그는 자신이 하고자 하는 일 앞에서 다른 사람의 시선 같은 건 아랑곳하지 않았다. 목표가 정해졌으면 오로지 그 목표를 향하여 열정을 쏟을 뿐이었다.

어떻게 태어났는가 하는 것은 우리가 살아가는데 그다지 중요한 요소가 아닌 듯싶었다. 몸이 불편한 사람도 이렇게 최선을 다해서 열심히 살아가는데 그깟 학생회장 선거에서 밀렸다고 모든 것이 다 끝나버린 것처럼 좌절하고 방황한 내 자신이 부끄러웠다.

책 속에 길이 있다고들 한다. 꿈을 이루는데 있어 필요한 것은 화려한 겉모습이 아니라 강한 정신력이라는 것을 오토다케 히로타다는 잘 보여주고 있다. 나는 『오체불만족』을 통해 불만족을 만족으로 승화시킬 수 있는 힘의 카타르시스를 얻었다. 그 힘은 나를 다시 일어나게 했으며 앞으로 전진할 수 있는 무한한 자신감을 심어주었다.

마음으로 보는 세상

우리 가족 단골 세탁소 이름은 장애인 부부가 운영하는 〈행복세탁소〉입니다. 사람들이 사장님이라고 부르는 주인아저씨는 선천성 소아마비로 한쪽 다리를 절룩거리고, 사모님이라고 부르는 주인아주머니는 등이 낙타처럼 볼록하게 튀어나온 꼽추로 키가 아주 작습니다.

〈행복세탁소〉는 인기가 아주 많습니다. 그 이유는 어떤 세탁소보다 깔끔하고 정성스럽게 세탁물을 손질해 주기 때문입니다. 아저씨는 이른 아침에 세탁물을 수거해 가시고 아주머니는 저녁 늦게 손질한 세탁물을 직접 배달해주십니다.

두 분 모두 비장애인보다 불리한 신체 조건으로 살아가는데도 매사 긍정적이고 밝습니다. 자신들의 처지를 불평하지 않고 언제나 웃는 얼굴로 최선을 다하시는 모습이 아름답습니다.

우리 어머니는 〈행복세탁소〉를 10년 넘게 이용하고 계시는데, 약속 날짜를 어긴 적이 한 번도 없다고 하셨습니다. 지금은 〈행복세탁소〉로부터 멀리 떨어진 동네로 이사를 왔는데도 어머니는 일부러 그곳까지 세탁물을 맡기러 다니십니다. 그것은 모두 따뜻한 기억 때문이라고 말씀하십니다.

'따뜻한 기억!'

문득 나도 누군가에게 그런 존재로 남아야겠다는 생각을 해봅니다.

누군가 먼저 말해주기 전에는 그들이 장애인이라는 사실을 전혀 눈치 챌 수 없을 만큼 성실하고 당당하게 생활하시는 주인아저씨와 아주머니의 얼굴엔 언제나 환한 미소가 흐르고 있습니다. 나는 아저씨와 아주머니를 볼 때마다 진짜 장애인은 신체의 일부가 불편한 사람을 가리키는 것이 아니란 생각을 하곤 했습니다. 우리 사회에는 건강한 육체에 불완전한 영혼을 가진 사람들이 있는가 하면 불완전한 육체에 건강한 영혼을 가진 사람들도 얼마든지 존재하기 때문입니다.

나는 평소에 행복이란 비장애인들만이 느낄 수 있고, 비장애인들만이 가질 수 있는 아주 특별한 것으로 생각했습니다. 그러나 소아마비 아저씨와 꼽추 아주머니로부터 배웠습니다. 행복은 자신에게 주어진 일을 소중히 다룰 줄 아는 사람, 지치도록 격정적으로 노력하며 뜨겁게 살아가는 사람 곁에 머무는 것이라는 걸 말입니다. 그리고 진짜 중요한 것은 우리들 눈에 보이지 않는다는 사실도 알았습니다.

이기적 유전자

엘리베이터를 이용하다 보면 진짜 얄미운 사람들이 종종 있습니다. 함께 타기 위해 뛰어오는 사람을 보면서도 빠른 손놀림으로 닫힘 버튼을 눌러서 문을 닫고 슈웅! 올라가 버리는 사람입니다. 더구나 일 층에서 끝 층까지 혼자 타고 올라가 버린 사람을 보면 정말 화가 납니다.

나는 고층 아파트에 살고 있습니다. 그래서 등·하교 시, 어떤 일이 있어도 엘리베이터를 타야 합니다. 무거운 책가방을 메고 17층 계단을 오르내릴 자신이 없기 때문입니다.

언젠가 엘리베이터 속에 설치되어 있는 버튼을 유심히 살펴보다가 열림 버튼은 글씨가 선명하고 깨끗한데, 닫힘 버튼의 색상은 심하게 퇴색되어 있다는 사실을 찾아 냈습니다. 이러한 현상은 우리 주변 곳곳에 설치되어 있는 빌딩의 엘리베이터에서도 어렵지 않게 볼 수 있었습니다. 이것만으로도 우리들의 엘리베이터 매너가 얼마나 형편없는지 금세 가늠할 수 있습니다.

"인간은 좋은 친구가 생기기를 기다리는 것보다 스스로 다른 사람의 좋은 친구가 되었을 때 참된 기쁨을 느낀다."

라고, 러셀은 말했습니다.

우리 모두는 타인의 타인입니다. 그러니 조금씩만 더 양보하고 배려하는 마음으로 엘리베이터를 이용했으면 좋겠습니다. 엘리베이터를 이용할 때만이라도 우리들 몸속에 흐르고 있는 이기적인 유전자를 아낌없이 버렸으면 좋겠습니다. 그래서 바쁘게 뛰어오는 사람을 위해 열림 버튼 한 번쯤 콕! 눌러 줄 수 있는 여유를 가지고 살았으면 좋겠습니다.

우리가 아주 작은 구멍으로도 햇빛을 볼 수 있듯이 사람의 인격도 사소한 것으로부터 나오는 것이라고 생각합니다. 명성은 얻는 것이지만 인격은 주는 것이라는 명언 한 줄이 불현듯 떠오릅니다.

나눌수록 커지는 행복

2006년 12월 27일부터 2007년 1월 1일까지 5박 6일간 필리핀 알바이주 리가오시와 레가스피시로 국제 청소년 교류 해외 봉사를 다녀왔다. 2년 동안의 학교생활을 반추하고 새로운 각오와 다짐으로 3학년을 맞이하고자 참가했던 나의 의도가 빗나가지 않아서 더 뜻 깊은 시간이었다.

12월 27일 첫째 날, 인천국제공항에서 오전 8시발 대한항공을 타고 4시간을 날아서 마닐라에 도착, 다시 세뷰 퍼시픽항공 레가스피행 국내선으로 갈아타고 알바이주 레가스피 공항에 내려 현지 초등학생들의 환영 인사를 받았다. 우리 일행은 대기하고 있던 지프니(현지 교통수단) 4대로 나눠 타고 Pandan Elementary School로 가서 국제청소년교류봉사단 발대식에 참가했다. 그리고 필리핀 문화에 대한 소개와 함께 '사랑의 집짓기' 봉사 교육을 받았다.

12월 28일 둘째 날, 필리핀 건축 기술자들을 도와 Pandan Elementary School 사랑의 집짓기 봉사 활동에 투입 되었다. 우리들의 임무는 시멘트 반죽하기, 시멘트 포대 나르기, 벽돌 나르기, 나무 나르기, 펌프질해서 물통에 물 받기, 반죽한 시멘트 통에 담아서 운반하기, 벽돌 틈 사이에 흙 채워 넣기 등이었다. 처음 해본 일이라서 어렵고 힘들었지만 그만큼 보람 있고 의미 있었다. 저녁에는 룸메이트와 함께 메트로마켓에 가서 아이스크림을 사 먹었는데 조금 녹아 있었다. 그래도 맛있었다. 임무를 성실히 마치고 난 뒤의 휴식처럼 달콤했다.

12월 29일 셋째 날, 우리가 오기 며칠 전에 필리핀은 심한 태풍 피해를 입었다. 그래서인지 여기저기 뿌리째 뽑힌 나무들이 널브러져 있고, 판잣집 지붕은 훌렁 날아가 버리고, 토담은 무너지고, 농로를 따라 길게 이어진 도랑에는 진흙 더미가 겹겹이 쌓여 있었다.

꽉 막힌 도랑의 흙을 퍼내서 물꼬를 터주는 일이 우리가 해야 할 임무였다. 1조부터 9조까지 한마음으로 열심히 도랑의 흙을 퍼냈다. 흙탕물에서 역겨운 냄새가 났지만 꾹 참아가며 쉬지 않고 질퍽질퍽한 흙을 계속하여 걷어냈다. 그날 내가 입고 일했던 옷이며, 양말, 운동화까지 모두 쓰레기통에 버렸다.

세상에 만만한 일은 하나도 없다지만 삽질이 그렇게 힘들 줄 정말 몰랐다. 그러나 우리들의 노력이 헛되지 않았음을 보여준 도랑물 소리에 피곤했던 몸과 마음이 다시 유쾌해졌다.

12월 30일 넷째 날, 비콜 경찰청을 방문하여 경찰청장님과 상견례를 한 다음 Amtec High School 친구들과 함께 특수장애사회복지센터에서 봉사 활동을 하였다.

몸이 불편한 장애인들 목욕시키기, 식사 보조, 운동 보조, 휠체어 밀고 산책하기, 방 청소 등을 하였는데 그중에서 목욕시키는 일이 가장 어려웠다. 건강한 신체를 가지고 태어났다는 것 하나만으로도 나는 얼마나 축복 받은 존재인가를 새삼 깨달았다. 몸은 비록 자유롭지 못할지라도 항상 웃는 얼굴로 최선을 다하는 그들을 보면서, 내가 그동안 얼마나 나태하고 안일하게 살았는지 많은 반성을 하게 되었다.

세상엔 나보다 잘난 사람도, 나보다 못난 사람도 없이 모두가 평등한 인격체를 가지고 살아간다는 커다란 깨달음을 얻었다.

앞으로 입시 공부를 하면서 힘들고 지칠 때마다 그들을 떠올리며 마음을 다잡을 것이다. 뒤틀리고 오그라진 손을 흔들며 온몸으로 배웅해주던 천사보다 아름다운 그들을 영원히 기억할 것이다.

12월 31일 다섯째 날, 리가오 시청을 방문하여 시장님과 상견례를 마치고 청사 주변에 각 개인별 이름표가 달린 어린 묘목을 기념 식수로 심었다. 정말 기분이 좋았다. 내가 심은 나무가 탈 없이 무럭무럭 잘 자랐으면 좋겠다.

오후에는 알바이주의 저소득층을 위한 지원 프로그램 중 하나인 사랑의 쌀 나누기 봉사 활동에 참여하였다. 아주 작은 관심에도 크게 감사할 줄 아는 사람들을 보면서 문득 이런 생각이 들었다.

'가난도 때론 좋은 벗이 될 수 있구나.'

1월 1일 마지막 날, 알바이 주지사의 초청으로 주지사, 시장, 관광청장과 현지 고등학생들이 함께 하는 리셉션이 시청에서 진행되었다.

알바이 주지사의 페르난도 곤잘레스 리가오 시장인 린다 가르시아의 환영 인사를 받으며 우리들은 현지 고등학생들과 어울려 Global Mind 프로그램에 참가해서 그동안 체험했던 봉사 활동에 대해 진지하게 토론하고 발표하는 시간을 가졌다. 그리고 알바이 주지사로부터 캠프 수료증을 직접 수여 받은 영광도 얻었다. Global Leader와의 리셉션을 통해 한층 성숙해진 나를 발견할 수 있어서 참 좋았다.

늦은 저녁, 바비큐 파티를 마지막으로 필리핀 친구들과 어우러져

팝송도 부르고 강강술래도 하면서 5박 6일간의 국제 청소년 교류 해외 봉사는 대단원의 막을 내렸다.

"세상은 넓고 할 일은 많다."고 정의한 어느 기업인의 명언 한 구절을 머릿속에서 떨쳐버릴 수 없게 만드는 그곳, 반듯한 사람이나 반듯한 건물보다는 거지와 판잣집이 더 많아서 도움의 손길이 정말 필요한 곳에서의 봉사 활동은 내 생애 가장 보람 있고 아름다운 순간으로 기억될 것이다.

특히 Global Mind Program으로 진행된 여러 사람들이 함께 하는 자리에서 봉사 기간 동안 경험한 내 생각이나 느낀 점을 발표해 봄으로써 글로벌 마인드를 고취할 수 있는 시간이 되었던 것 같다.

앞으로도 국내 봉사는 물론 국제 봉사 활동 프로그램에 적극 참여해서 Global 인적 네트워크에 날개를 달아보고 싶다.

행운목 꽃이 피었습니다

세 번째 꽃이 피었습니다.

우리 집에 행운목 꽃이 맨 처음 피었던 때가 내 나이 다섯 살로 기억합니다. 그날 우리 가족은 에버랜드에 가서 신나게 놀고 저녁 늦게 집으로 돌아왔습니다. 그런데 집 안에서 이상한 냄새가 났습니다. 냄새가 아주 진했습니다.

"엄마! 이게 무슨 냄새예요?"

"글쎄, 엄마도 잘 모르겠는데."

아버지께서도,

"이상한 냄새가 나네."

하시며, 거실의 전등 스위치를 올리셨습니다. 집 안 곳곳에 들어차 있던 어둠이 현관문 밖으로 잽싸게 빠져나갑니다. 집 안이 환해졌습니다.

"얘들아, 이리 와봐. 어서! 꽃이야, 꽃."

"꽃이라구요."

나는 엄마와 누나의 뒤를 따라서 아빠가 손가락으로 가리키는 쪽을 바라보았습니다. 그것은 우리 집에 있는 화초 중에서 제일 키가 크고 이파리가 무성한 화분이었습니다.

그랬습니다. 거실 한쪽 구석에 놓여져 있던 키다리 행운목이 꽃을 피웠던 것입니다. 탐스럽고 하얀 꽃. 향기가 백합처럼 진한 꽃. 정말로 예쁜 꽃입니다.

"세상에 어떻게 나무에서 꽃이……."

"그러게 말이야. 고놈 참 기특하네."

어머니와 아버지는 키 큰 행운목 이파리를 조심스럽게 어루만지며 좋아하십니다.

행운목 꽃은 참 신기했습니다. 이파리의 맨 꼭대기 부분에서 진초록 기다란 꽃대궁을 밀어내어 그 꽃대궁의 마디마디에 어긋나기로 꽃송이를 달았습니다. 꽃의 색깔은 하얗고, 꽃의 모양은 길고 조그마한 꽃송이들이 한데로 어우러져서 동그란 공처럼 생겼습니다.

꽃의 개화 시간은 해질 무렵에서 다음날 해뜨기 전까지입니다. 그리고 한 번 핀 꽃은 다시 꽃잎을 여는 일이 없습니다. 불과 몇 시간을 살기 위해서 꽃들은 그렇게 힘든 선택을 한 것입니다. 꽃이 피고 지기를 반복하는 기간은 14일 정도였습니다. 꽃이 피었다 시든 자리를 들여다보면 제 몸에서 밀어낸 송진 같은 '액' 이 진득진득하게 흐르다 굳어 있습니다.

"어유, 안쓰러워라."

진녹색의 이파리 위에 엿물처럼 뚝뚝 떨어져서 굳기 시작한 행운목 '액' 을 손가락으로 눌러보시던 어머니의 목소리가 갑자기 흔들리십니다. 꽃을 피운다는 것이 어린 내 눈에도 힘들어 보였습니다.

그리고 두 번째 행운목이 핀 것은 내가 고등학교 1학년 입학식 무렵이었으니 첫 번째 꽃이 핀 이후로 꽤 오랜 시간이 지난 뒤였습니다. 그때는 키가 작은 나무에서 꽃이 피었으므로 가족들이 금세 알 수 있었습니다. 그 행운목은 줄곧 식탁 위에서 자랐으니까요.

그리고 세 번째 행운목 꽃이 핀 것은 정확히 고등학교 2학년 겨울방학 때입니다. 세 번째 핀 행운목 꽃은 내게 아주 특별한 의미가 있습니다. 내가 태어나서 백일이 되던 날을 기념하기 위하여 어머니가 동네의 작은 화원에서 천 원을 주고 나무토막만 있는 행운목을 사다 물속에서 뿌리를 내리고 화분으로 옮겨 심은 지 만 17년 만에 꽃을 피운 귀한 선물이었습니다.

"고맙다."

세 번째 행운목 꽃을 향한 어머니의 첫마디입니다. 그리고 내게 좋은 일이 있을 것이라는 덕담도 잊지 않고 건네십니다. '정말로 내게 행운이 찾아올까?' 내년에 치를 대학입시에서 좋은 결과가 있기를 은근히 기대해 봅니다.

세 번째 행운목 꽃이 피었던 그때 행운목 두 그루가 동시에 꽃을 피웠습니다. 그러니까 지금까지 우리 집에서는 총 네 그루의 행운목 나무가 꽃을 피운 것입니다. 주변 사람들에게 이런 이야기를 들려주면 평생에 한 번 보기도 힘들다는 행운목 꽃이 어떻게 네 번씩이나 꽃을 피울 수 있느냐며 정말 신기한 일이라고 반응합니다.

그중에서도 수십 년 동안 온갖 식물들 속에서 살아오셨다는 우리 동네 꽃집 아저씨의 말씀에 따르면 우리 집은 화초들이 건강하게 자랄 수 있는 최적의 환경을 갖추었다고 합니다. 무엇보다 집 안에서 담배 피우는 사람이 없기 때문에 그런 행운이 자주 찾아오는 것이라고 축복해 주십니다. 세상에 요행은 아무것도 없다는 생각이 들었습니다.

"얘들아, 안녕 잘 잤니?"

어머니는 매일 아침 베란다에 있는 크고 작은 화초들을 일일이 쓰다듬어주신 후에 동요나 클래식 음악을 틀어놓고 가족들을 위해 아침 식사 준비를 하십니다. 그리고 화초들에게 물을 주거나 영양제를 공급해 주는 일은 아버지의 몫입니다. 어머니는 화초들의 감성을 풍요롭게 만들어주시고 아버지는 화초들의 성장을 알뜰하게 챙겨주십니다.

그렇게 집 안 곳곳에서 부모님의 사랑을 듬뿍 받으며 봄·여름·가을 · 겨울 언제나 우리 가족에게 맑은 산소를 공급해줍니다. 이렇게 예쁜 행운목 꽃을 보면서 주는 것 이상으로 되돌려 받는 것이 사랑의 진리라는 것을 새삼 알았습니다.

아름다운 사람들이 머무는 곳

자원 봉사를 하기 위해서 처음 그곳을 찾아갔을 때 저는 너무나 놀랐습니다. 혹시 잘못 온 것은 아닌지 제 눈을 의심하면서 손에 쥐고 있던 약도를 다시 한 번 확인한 다음에야 안도의 숨을 쉴 수 있었습니다. 분명 제가 찾던 곳이었습니다. 수원시 오목천동 곳집말 고금산자락 아래 숲 속의 전원주택처럼 평화롭게 자리잡고 있는 〈성화의 집〉 마당에 첫발을 내디디면서 느낀 점은 그야말로 감동의 극치였습니다. 컹컹 개 짖는 소리를 뒤로하고 로비 문을 여는 순간 양로원에서의 자원 봉사를 걱정했던 제 자신이 미워질 만큼 아름다운 곳이었으니까요.

저는 어려서부터 책 읽고 글쓰기를 무척 좋아했습니다. 그 덕분에 각종 글짓기 대회에서 크고 작은 상을 수없이 받았습니다. 그래서 제 꿈은 자연스럽게 국문학 교수가 되어서 후진을 양성하는 것이었습니다. 이제 거기에 사회복지사로서의 꿈도 하나 더 얹어 놓으려고 합니다. 그것은 곧 제가 지구를 떠나는 날까지 자원 봉사를 몸소 실천하면서 소외된 이웃과 더불어 살아가는 것이라고 생각합니다. 그들에게 작지만 큰 힘을 주는 희망의 메신저가 되고 싶습니다.

부끄러운 고백이지만 처음엔 그저 생활기록부에 등재할 시간이나 채울 요량으로 시작한 봉사였습니다. 그러나 한 번 두 번 〈성화의 집〉을 다녀오는 횟수가 늘어날수록 봉사는 제 생활의 일부가 되어 버렸습니다. 어쩌다 자원 봉사를 거르는 날이면 그곳에서 분주하게 생활하고 계실 많은 선생님들과 할아버지, 할머니들의 모습이 눈앞에 아른거리곤 합니다.

자원 봉사를 하는 동안 가장 감명 깊었던 것은 돌아가신 분들의 장례식을 정성껏 치러 주는 모습이었습니다. 그리고 가끔씩 주방에서 보조를 할 때마다 느끼는 건데 정말 그렇게 위생적으로 운영하는지 몰랐습니다. 식기를 팔팔 끓는 물에 닦아서 헹구고 다시 식기세척기에 넣어서 닦은 후에 소독하는 것은 기본이고 주방 바닥은 또 얼마나 청결하게 관리를 하시는지 감동했습니다. 〈성화의 집〉에서 생활하시는 우리 할아버지, 할머니들의 모습이 건강하신 이유는 바로 주방의 철저한 위생 관리에서부터 시작되었다고 생각합니다.

각 층의 넓고 쾌적한 응접실은 물론이고 화장실, 개인룸 하나하나, 계단 한 칸 한 칸 제가 미처 다 기억하지 못한 요소요소마다 정감이 묻어나는 곳이었습니다. 특히 휠체어나 이동 보조 기구에 의지하신 할아버지, 할머니들께 더없이 세심한 배려를 아끼지 않으신 모든 선생님들의 모습에서 커다란 깨우침을 배웠습니다.

그래서일까요. 그곳에서 생활하시는 할아버지, 할머니들의 얼굴은 늘 기쁨으로 충만하셨고, 언제 뵈어도 햇살 가득히 내린 꽃밭처럼 환하고 밝았습니다. 그 까닭은 언제나 한결같이 따뜻하고, 다정하고, 부드럽고 상냥하신 백이선 원장님 이하 모든 선생님들의 지극한 희생정신 때문이라고 생각합니다. 함께 있으면 마음을 풍요롭게 만들어주신 그곳의 선생님들이야말로 진짜 천사가 아닐까요. 이 세상 어느 가족보다 서로를 아끼고 사랑하는 성화의 집 대가족이 지금보다 더 많이 행복하고, 더 많이 웃으면서 살아갈 수 있도록 후원자가 많았으면 참 좋겠습니다. 〈성화의 집〉 선생님들, 그리고 할아버지, 할머니 제가 대학교에 들어가면 아르바이트해서 맛있는 것 많이 사드리겠습니다. 모두, 모두 건강하십시오. 〈성화의 집〉 파이팅!

학생증을 맡기고

늦지 않을까? 가만가만 시간을 더듬어 본다. 여섯 시. 땅거미가 다소곳하게 내리고 있는 시각이다. 서두르면 괜찮을 것도 같다. 난 걸음을 재촉했다. 몸보다 맘이 먼저 닿은 승강장. 버스 한 대가 출발 기어를 넣고 있다.

"쪼르륵."

백 원짜리 동전 여섯 개가 요란한 마찰음을 내며 버스 안의 적막을 휘휘 젓는다. 휴일. 늦은 시간이어서 그런지 버스 안은 한산하다. 일요일 오후엔 외출하는 사람들의 발길은 끊어지기 마련이다. 승객은 나를 포함해서 단 두 사람. 기사 아저씨까지 플러스한다 해도 세 사람이 전부다. '저 사람도 나처럼 바쁜가?' 차창 밖으로 시선을 던진 채 버스 중간쯤에 앉아 있는 낯설고도 무표정한 얼굴이 반갑다.

'시내로 나가는 버스에 혼자 타면 어쩌나.' 하고 은근히 걱정했었는데 나의 그런 걱정을 덜어준 사람이기 때문이다. 혼자가 아닌

둘……. 운이 좋다는 생각이 든다.

덩치 큰 버스에 혼자 멀뚱히 앉아서 시내로 나갈 때처럼 무안한 일도 드물다. 나는 운전석 바로 뒷자리에 앉았다. 버스는 이내 새까만 매연을 게워내며 차선을 변경하더니, 전매청 앞 사거리 신호등을 쏜살같이 벗어났다. 세 번에 걸친 우회전과 여섯 번의 횡단보도를 건넜다.

짧은 지하도까지 건너 목적지에 버스가 섰다. 나는 자리에서 벌떡 일어났다. 버벅대는 걸음으로 버스 발판 아래로 내려서니 어둠이 발목까지 차오르고 있었다. 보행자 신호를 한 번 건넜다. 갑자기 활기차게 살아가는 사람들의 목소리가 들린다. 또렷또렷하고 생생하다. 이제 막 꽃망울을 터트린 벚꽃 같은 향기가 밀려온다. 순간 코끝이 수줍은 나비처럼 발름거린다.

"이거 얼마예요?"

예상했던 가격보다 비싸지 않았다. 나는 자신 있게 지갑을 열었다. '아뿔싸' 낮에 책 몇 권 산 것을 깜빡하고 그냥 나왔던 것이다. 집에까지 들어갔다 다시 나오기엔 빠듯한 시간이었다. 지갑을 탈탈 털어서 주인아주머니에게 건넸다.

"아, 염려 말고 그렇게 하세요."

결국 모자라는 돈은 다음날 주기로 약속했다. 내가 전화번호와 학생증을 맡기겠다고 했더니 주인아주머니의 입 언저리에 미풍 같은 웃음이 엷게 번졌다. 나는 고맙다는 인사를 몇 번이나 건네고 어둠을 휘적휘적 저으며 집으로 가는 시내버스에 몸을 실었다.

"딩-동! 딩동! 딩동!"

다급하게 벨을 눌렀다. 누나가 퉁퉁거리며 달려 나와 현관문을 열어주었다.

"샀니?"

"응."

축제 때 필요한 소품이 있어 낮에 백화점에서 찾아보았지만 원하는 물건이 없었다. 그런데 축제가 코앞이었다. 쇼핑백 안에 들어 있던 물건들을 거실 바닥에 쏟아놓고 집을 나섰다.

4월의 밤공기에 취해 몇 발짝을 걸었다. 빈 택시 한 대가 아파트 정문에 서 있었다.

"손님! 어디로 모실까요?"

"화서시장이요."

여기 산에 핀 진달래꽃처럼 내 목소리에서 향기가 났나 보다. 기분 좋은 일 있느냐고 물어오는 기사 아저씨에게 난 재래시장에서 처음 만난 옷가게 주인아주머니의 이야기를 자세하게 들려주었다.

"역시 세상은 아직 살 만한 곳입니다. 허허헛!"

노란 산수유 꽃 같은 기사 아저씨의 웃음소리가 파장을 앞둔 시장 바닥에 메아리처럼 울려 퍼진다. 간판 불을 끄고 늦은 퇴근을 서두르던 주인아주머니가 호들갑을 떨었다.

"아따, 학생이 억수로 착하데이."

물건을 사면서 부족한 금액을 다음날 주기로 약속했지만 아무래도 빨리 갖다 드리는 것이 나을 것 같아서 그랬을 뿐인데 아주머니는 내게 교통비까지 주시면서 좋아하셨다.

삶은 서로를 향한 믿음의 연결고리 같다. 믿으면 믿을수록 정이 묻어나는 것 같다. 그날 밤, 난 옷가게 주인아주머니를 통해서 소박하게 살아가는 사람들의 일상은 빛깔 고운 개나리꽃처럼 아름답다는 사실을 알았다. 그 아주머니의 마음씨는 금방이라도 맑은 물이 뚝뚝 떨어질 것 같은 코발트빛 하늘 같았다.

누구일까

아파트 화단 가득 봄 향기가 진동했습니다. 그것은 연일 계속되는 꽃샘바람의 시새움에도 아랑곳하지 않고 연둣빛 쑥이 당당하게 고개를 내밀었기 때문입니다.

"춥겠다."

목련나무 둥치 사이로 듬성듬성 올라온 쑥들을 보며 한 마디 툭 던지고는 집으로 향했습니다. 현관문을 열기 위해서 전자키에 입력시켜 놓은 비밀번호를 눌렀습니다. 열두 개의 숫자가 나의 손가락 터치에 따라 삐삐 소리를 내더니 이내, "열렸습니다."라고 메시지를 던집니다.

"아! 추워."

나는 집 안으로 들어서기가 무섭게 거실 한쪽 벽에 걸려 있는 보일러 스위치를 난방에 맞추고 작동시켰습니다.

"위-이-잉"

베란다 한구석에 자리 잡고 있는 보일러실에서 들릴 듯 말 듯 새어 나오는 아련한 소리가 내 귓바퀴를 서너 시간 정도 휘감은 후에야 집안의 공기는 훈훈해졌습니다. 투명한 머그잔에 지방 제로 우유 한 컵을 넘실대게 따라 붓고는 컴퓨터를 켰습니다. 그리고 네이버 통합 검색 창에 '쑥' 이라는 글자를 쳤습니다.

스폰서 링크, 파워 링크, 플러스프로, 요리 정보, 사전, 지식iN, 카테고리, 비즈 사이트, 사이트, 지역 정보, 블로그, 책, 카페, 동영상, 전문 자료, 최신 뉴스, 웹페이지, 이미지까지 정말 다양한 정보들이 한꺼번에 쏟아져 나왔습니다.

나는 그 중에서 사전을 선택하여 클릭했습니다.

요약 : 쌍떡잎식물 초롱꽃목 국화과의 여러해살이풀.

학명 : Artemisia princeps var. orientalis

분류 : 국화과

분포지역 : 한국·일본·중국 등지

자생지 : 양지바른 풀밭

크기 : 높이 60~120cm

약쑥·사재발쑥·모기태쑥이라고도 한다. 양지바른 풀밭에서 자란다. 높이 60~120cm이다. 아르테미시아속에 속한 식물 중 쑥과 겉모습이 비슷한 것은 모두 쑥이라고 한다. 이 중 특히 뜸에 사용하는 종을 참쑥이라고 하여 구별한다. 쑥 종류는 거의 비슷하기 때문에 구별하기 어려우나, 두화(頭花)의 크기와 잎의 모양 등으로 구분한다. 참쑥은 쑥과 비슷하지만 잎 겉면에 흰 털이 난 점이 있어 구별한다.

우리가 흔히 부르는 쑥에서도 쑥 종류 중 가장 흔하게 자라는 것을 가리킨다. 줄기에 능선이 있으며 전체에 거미줄 같은 털이 빽빽이 난다. 뿌리줄기가 옆으로 뻗으며 싹이 나와 무리지어 난다. 줄기에 달린 잎은 어긋나고 헛턱잎[假托葉]이 있으며 타원형이고 길이 6~12cm, 나비 4~8cm이다. 깃처럼 갈라지며 갈래 조각은 2~4쌍이지만 위로 올라가면서 잎이 작아지고 갈래 조각의 수도 줄어 단순한 잎으로 된다. 꽃이삭에 달린 잎은 줄 모양이다.

꽃은 7~9월에 연한 붉은 자줏빛으로 피는데, 길이 2.5~3.5mm이고 두화가 한쪽으로 치우쳐서 달리며 전체가 원추꽃 차례로 된다. 총포는 긴 타원형의 종 모양이며 길이 2.5mm, 지름 1.5mm로서 거미줄 같은 털이 난다. 포 조각은 4줄로 늘어서며 바깥 조각은 달걀 모양, 안 조각은 긴 타원형이다. 열매는 수과로서 10월에 익으며 길이 약 1.5mm이다. 번식은 종자나 꺾꽂이, 포기 나누기 등으로 한다.

쑥은 우리 민족과 관계가 깊어 단군신화에도 등장한다. 어린순은 떡에 넣어서 먹거나 된장국을 끓여 먹는다. 약재로 쓰는 것은 예로부터 5월 단오에 채취하여 말린 것이 가장 효과가 크다고 한다. 복통·토사(吐瀉)·지혈제로 쓰고, 냉(冷)으로 인한 생리불순이나 자궁출혈 등에 사용한다. 여름에 모깃불을 피워 모기를 쫓는 재료로도 사용하였다. 한국·일본·중국 등지에 분포한다.

– 출처 : 네이버 백과사전

이렇게 자세히 적혀 있었습니다. 나는 꼼꼼하게 읽으면서 생각했습니다.

'누구일까?'

쑥에 대하여 조사하고 조사한 정보를 글로 남겨 놓은 사람이 궁금했습니다. '나' 아닌 '타인'에게 도움이 되는 일을 한다는 것이 얼마나 아름다운 일인지 새삼 깨달았습니다. 그리고 콘크리트 벽 속에서 치열하게 살아가는 사람들에게 가장 먼저 봄소식을 전해준 어린 쑥에게도 고마움을 느꼈습니다.

나도 쑥처럼 강인한 의지를 가지고 자라서 이다음에 누군가에게 도움이 되는 사람이 되고 싶었습니다. 꼭 그렇게 하고 싶습니다.

미소

지하철 안의 긴 의자는 언제 보아도 잘못된 만남 같은 분위기이다. 어쩌다 앞사람하고 눈이라도 마주치면 그때의 무안함이란 어색하기 그지없다. 그럴 때는 고개의 각도를 살짝 옆이나 위 또는 아래로 비스듬히 틀어야만 된다. 솔직히 낯선 사람하고 정면으로 눈 맞춤 해야 하는 일엔 자신이 없다. 상대방 역시 나와 같은 마음일 것이다. 그렇지 않고 계속하여 눈을 마주쳤다가는 더 민망해질지도 모르니까 말이다. 그래서 나는 지하철을 이용할 때 주로 책을 읽는 편이다. 그러면 그 지루한 시간의 사닥다리에 내 눈동자를 매달아 놓지 않아도 되기 때문이다.

아이가 얌전히 앉아서 과자를 먹고 있다. 지하철에서 보기 드문 아이의 모습이다. 신발을 신은 채 의자 위로 올라서서는 콩콩콩 뛰지도 않는다. 바스락바스락 은빛 반짝이는 봉지에 구김살을 만들며 과자를 먹고 있다. 파란색으로 선명하게 씌어진 글자가 아이의 손놀림에 따라 모습을 감췄다 드러냈다 한다. 아이는 힘들게 꺼내온 과자를 제 엄마 손바닥에 맡긴다. 그리고는 과자 봉지를 크게 바스락거리며 입구를 오므린다. 두어 번 비틀어서 그 작은 손으로 세게 움켜쥔다.

아이의 엄마는 그때까지 손바닥에 놓인 과자를 구멍이라도 낼 듯이 꿰뚫어보고 있다. 아이가 과자 하나를 집어 입에 넣는다. 아작아작 과자 씹히는 소리가 지하철 안의 칙칙한 공기를 걷어낸다. 사람들의 시선이 집중된다. 아이 옆에 앉아 있는 할머니가 말을 건넨다. "애기 몇 살이야?" 아이가 손가락 네 개를 펴 보인다. "오오 그래! 네 살이야." 할머니가 신기하다는 듯 고개를 연신 주억거린다. "보람아, 할머니도 하나 드려!" 아이의 엄마가 조용한 목소리로 말하며 아이를 쳐다본다. "할머니 과자 드세요." 아이가 과자 하나를 할머니에게 건넨다. "아휴! 기특하기도 하지. 할머니는 과자를 싫어해요. 그러니까 우리 애기 먹어!" 할머니가 정중하게 거절을 한다. "엄마, 할머니는 과자 싫어한대!" 아이의 말소리가 또랑또랑하게 지하철 안을 뛰어다닌다. 지하철 안에 소리 없는 미소가 흐른다.

아주 가끔은 이렇게 책을 읽지 않고도 시선 처리가 부담스럽지 않은 날이 있다. 오늘은 '보람'이라는 이름을 가진 네 살짜리 꼬마 아이가 지하철 속에 있는 사람들을 미소 짓게 했다. 그 꼬마 아이를 보면서 상대방으로 하여금 미소 짓게 만드는 힘이 무엇인지 알게 되었다. 그것은 신록처럼 순수한 마음인 것이다.

"이번 역은 금정! 금정역입니다. 안산이나 천안 방면으로 가실 손님은 이번 역에서 내려 열차를 갈아타 주시기 바랍니다."

금정역에서 내려 수원으로 가는 지하철을 기다리고 있을 때였다.

연세가 지긋해 보인 할아버지 한 분이 낡은 유모차 가득 빈 병을 싣고 걸어오다가 유모차를 넘어뜨리는 바람에 유리병들이 떨어지면서 왕창 다 깨지고 말았다. 지하철을 타기 위해 기다리고 있던 사람들의 시선이 할아버지를 향해 순식간에 모여들었다. 그 중에서 대학생으로 보이는 형과 누나가 할아버지를 도와드렸다. 장갑도 끼지 않은 손으로 바닥에 떨어져서 깨진 병 조각을 한쪽으로 치웠다. 그리고 깨지지 않은 병만 골라서 할아버지 유모차에 실어주면서 걱정하지 마시라는 인사까지 전한다. 할아버지는 당고개행 열차를 타고 먼저 자리를 떠났다. 그러자 대학생 누나가 핸드폰으로 어디에 전화를 걸더니 병 조각이 깨져서 위험한 현장을 자세하게 설명해 주었다. 그러니까 청소 도움을 요청한 것이다. 그 형과 누나의 행동을 말없이 지켜보던 많은 사람들이 제각각 칭찬을 해 주었다. 선행을 몸소 실천하며 낯선 사람들의 얼굴에 웃음이 흐르게 만든 그 형과 누나야말로 우리 사회에서 꼭 필요한 사람이라고 생각한다.

남을 배려하는 마음은 이렇듯 아주 사소한 것으로부터 시작되는 것 같다. 온갖 소음 공해로 자칫 예민해지기 쉬운 곳이 지하철을 이용할 때의 기분이었는데 오늘은 특별했다. 지하철을 몇 번씩 갈아타면서 다녀야 하는 논술학원도 앞으론 즐거운 마음으로 다닐 수 있을 것 같은 예감이 든다.

체육 시간

체육 시간이었다.

"망할 놈의 날씨 같으니라구."

모처럼 베이지색 수트를 입고 온 선생님은 출석을 부르자마자 상의를 벗어 반으로 접더니 이내 교탁 안으로 밀어 넣으며 날씨를 원망하듯 한마디 툭 던진다. 그리고는 초록 셔츠로 가려진 넓은 등을 보이며 필기를 시작했다. 키가 훤칠하게 크고 체격이 좋은 선생님이 오랜만에 분필을 잡은 것이다. 유난히 운동장 수업을 고집하는 선생님이었지만 늦가을 비가 주룩주룩 내려서 어쩔 도리가 없었기 때문이다. 프로농구선수 출신답게 키가 큰 선생님은 까치발을 세우지 않고도 칠판의 맨 위에서부터 아래로 삼분의 일 지점까지는 별 어려움 없이 필기를 해 나갔다. 그다음부터는 허리를 구부정하게 굽히고 엉덩이도 뒤로 쭉 빼야만 했다. 분필 굴러가는 소리와 창문에 와 부딪친 빗소리만이 침묵을 깨고 있을 뿐 교실은 조용했다.

그런데 이게 웬일인가.

"킥킥킥, 키득키득!"

아이들이 더 이상 참을 수 없다는 듯 몸부림치며 웃기 시작하자 교실 안이 소란해졌다. 그렇게 아이들의 웃음소리가 교실 안을 떠다니자 반장이 조용히 하라는 신호를 보낸다. 그러나 한번 터져 버린 아이들의 웃음보는 좀처럼 가라앉지 않았다. 운동장 수업 때마다 흘려야 했던 찐득찐득한 땀방울보다 더 괴로운 웃음을 아이들은 참아내고 있었다. 체육 선생님한테 잘못 걸리는 날엔 발바닥에 불이 나기 때문이다.

"첫 번째 경고다. 웃지 말고 필기해라!"

어떻게 알았는지 선생님은 몸을 휙 돌려 아이들이 앉아 있는 책상 쪽을 보며 말했다. 선생님 역시 얼마 동안 참다가 마지못해 던진 말투라는 걸 아이들은 단박에 알 수 있었다. 다시 분필이 굴러간다. 선생님은 칠판의 비교적 아래쪽에 필기를 하기 위해 양쪽 다리를 적당히 벌리고 엉덩이를 뒤로 심하게 뺐다.

아이들은 선생님의 어정쩡한 포즈에 웃음을 참느라 또 한바탕 소란스러웠다.

찬휘는 지난여름 악몽 같은 기억이 떠올라서 큰 소리로 웃지도 못하고 하얀 이를 드러내며 죄 없는 입술만 자근자근 깨물고 있다. 그날도 오늘처럼 교실에서 이론 수업이 있는 날이었다. 필기를 하는 대신 교과서를 읽었다.

'요것들 좀 보게!'

처음엔 번호 순서대로 책 읽기를 시키다가 교과서를 빠뜨리고 온 아이들이 많다는 것을 안 선생님은 무작위로 번호를 불러 책을 읽혔다. 아침부터 비가 온 것이 아니라 셋째 시간부터 갑자기 내린 비였기 때문에 대부분 아이들은 다섯째 시간에 들어 있는 체육 교과서를 가져오지 않았던 것이다. 이이들은 하나같이 긴장을 하며 운 좋게 안 걸리기만을 기대해야 했다.

"41번 이찬휘! 벌써 몇 번째인 줄 아나? 다섯 번째야, 다섯 번째."

체육복과 책을 동시에 잘 챙겨 가지고 다니다가 하필 오늘 걸릴 게 뭐람. 찬휘는 억울하다는 듯 혼잣말로 중얼거리며 자리에서 일어났다.

"이찬휘! 너 지금 선생님한테 반항하나?"

선생님의 목소리가 무겁게 가라앉았다.

"찬휘야! 그냥 그렇다고 대답해. 선생님 말씀이 옳다고 대답하라니까."

짝꿍이 책상 밑으로 손을 넣어 찬휘의 허벅지를 콕콕 찍으며 말했다.

"제가 착각했습니다. 선생님 말씀이 맞습니다. 저 오늘로 다섯 번째 교과서를 가지고 오지 않았습니다. 용서해 주십시오."

찬휘는 교실 안이 쩌렁쩌렁 울리도록 큰 소리로 대답했다.

"지금 무슨 소리하고 있는 거야. 핸드폰으로 장난치지 말란 말이야."

"네에—."

쥐구멍이라도 있으면 들어가 버리고 싶은 심정을 아이들은 이해하지 못할 것이라고 찬휘는 생각했다. 그날 얼마나 호되게 매운 맛을 봤는지 모른다. 그때의 악몽 때문인지 찬휘는 지금 웃음을 꾹꾹 눌러 참고 있다.

선생님의 필기는 계속 되고 아이들의 웃음소리도 점점 커진다.

"두 번째 경고다. 웃지 말고 필기해라!"

아이들의 웃음소리는 좀처럼 멈추지 않았다. 참다못한 선생님은 아이들을 향해 한마디 던졌다.

"웃는 놈보다 웃기는 놈이 더 나쁘다. 수업 시간에 애들 웃기는 놈이 도대체 누구야?"

선생님은 반장을 불러 세웠다.

"반장! 알고 있으면 말해 봐라."

선생님은 뒷짐을 지고 반장이 앉아 있는 교실 맨 뒷자리까지 걸어가고 있었다.

"저어, 그게……."

반장은 얼굴이 상기된 채 말을 더듬고 있었다.

"빨리 말 못 하겠나?"

선생님은 불끈 쥔 주먹을 반장의 책상 위에 내리쳤다. 책상에 올려져 있던 필통이 입을 벌린 채 교실 바닥으로 나뒹굴었다.

"선생님, 그게 말입니다."

반장은 또다시 뜸을 들였다.

"전체 기합으로 운동장 몇 바퀴 돌래? 아니면 너희들을 웃긴 녀석만 돌게 할까? 선택은 자유다!"

선생님은 비가 철철 내리고 있는 운동장을 내다보며 말했다.

"선생님, 사실대로 말씀드리면 저희 단체 기합은 안 받는 거죠? 그 사람만 받게 되는 거죠?"

반장이 말했다.

"물론이다. 진즉 그렇게 나올 것이지. 야! 녀석들아, 의리도 지켜야 할 때가 따로 있는 거지. 그런 녀석은 수업방해죄로 운동장을 한 스무 바퀴쯤 돌아도 싸다!"

"네! 선생님, 저희도 그렇게 생각합니다."

아이들은 반장 대신 약속이라도 한 듯 동시에 대답했다. 너 맛 좀 봐라. 싶었던지 선생님 눈이 부리부리하게 빛났다. 선생님 바지 뒤에 실밥이 터졌다는 말을 어떻게 얘기해야 좋을지 잠시 고민하던 반장이 큰 소리로 말했다.

"저희는 선생님 속옷이 빨강색인지 처음 알았습니다."

반장의 말이 채 끝나기가 무섭게 아이들은 손바닥으로 책상을 치고 몸을 뒤틀고 발을 동동 구르며 참았던 웃음을 마음껏 게워냈다.

몽당이 나라 길쭉이 나라

'근검절약' 이란 단어를 국어사전에서 찾아보았습니다.

'아껴 씀. 함부로 쓰지 않고 꼭 필요한 데에만 씀.' 이라고 적혀 있었습니다.

그 낱말의 뜻은 이해할 수 있었지만 실천한 경험은 그다지 떠오르지가 않았습니다. 나는 조금 부끄러웠습니다.

국어사전을 덮고 책상 서랍을 또르르 열었습니다. 기다랗고 예쁜 연필이 많이 있었습니다. 쓰다 작아져서 못생기고 볼품 없는 연필도 서랍 귀퉁이에 몰려 있었습니다. 예쁘게 정리된 새 학용품들이 나를 보고 앞 다퉈 인사했습니다.

"주훈아, 안녕?"

"나 좀 빨리 써 줘."

"너 따라서 학교 구경하고 싶단 말이야."

"그러니? 그럼 내일 당장 데리고 가 줄게."

나는 그동안 정들었던 연필이랑 색연필을 필통에서 모두 꺼내 책상 서랍 깊숙이 밀어 넣었습니다. 그리고 기다랗고 예쁜, 새 연필이랑 색연필을 필통 가득 채웠습니다. 나는 어깨가 으쓱해졌습니다. 엄청난 부자가 된 기분이었습니다. 콧노래까지 흥얼대며 책가방 정리를 해 놓고 잠자리에 들었습니다.

나는 그날 밤 꿈속에서 '몽당이 나라와 길쭉이 나라'로 여행을 떠났습니다. 먼저 칙칙폭폭! 칙칙폭폭! 달리는 기차를 타고 몽당이 나라에 도착했습니다. 키가 작고 못 생긴 사람들이 볼품없이 살아가고 있었습니다. 제각각이 꿰매거나 기워진 옷차림에 모자를 눌러쓴 모습이었습니다. 거기에는 그동안 내가 버린 학용품들도 있었습니다. 하지만 그들은 모두 친절했습니다.

"고맙습니다."

"미안합니다."

라고 늘 인사할 줄 아는 사람들이 모여 사는 나라였습니다.

처음 도착했을 때의 기분과는 달리 좋은 경험을 하고 몽당이 나라를 떠나 공항에서 슈욱- 날으는 비행기를 타고 길쭉이 나라에 도착했습니다. 여기를 봐도, 저기를 봐도 모두가 화려하게 빛났습니다. 나는 기분이 좋았습니다.

"아! 내가 살고 싶은 곳이 바로 여기야."

길쭉이 나라는 역시 내 마음을 알아준단 말이야?

전자오락에서 컴퓨터게임까지 부족한 것 없이 모두 있었습니다. 그런데 조금 이상했습니다. 사람들이 인사하는 것을 볼 수가 없었습니다. 아무리 귀한 선물을 받아도 감사할 줄 몰랐습니다. 나는 모든 걸 당연하다는 듯이 살아가는 길쭉이 나라가 싫어졌습니다.

나는 꿈속에서의 긴 여행을 마치고 아침 일찍 잠에서 깨어났습니다. 그리고 다시 필통 속에 정리했습니다. 몽당이 나라 학용품들이 빙그레 웃었습니다. 내가 할 수 있는 근검절약이란 역시 분수를 지키고 감사할 줄 아는 것이라고 생각했습니다.

— 1999. 05. 05. 〈소년경기신문〉 발표.

영화 속 과학의 모순

나의 취미는 영화 보기와 독서이다. 청소년 관람이 가능한 영화는 국내외 영화를 불문하고 거의 다 보는 편이다. 신간도서도 마찬가지이다. 이 두 가지 취미는 공부에 지친 내 머리를 식혀주는데 더없이 좋은 청량제와 같기 때문이다. 내가 최근에 접한 책은 이종호의 『영화에서 만난 불가능의 과학』이란 작품이다. 평소 과학 분야엔 별다른 흥미를 갖고 있지 않았기 때문에 책을 읽기도 전에 359페이지 분량에 지레 압도되었던 것이 사실이다. 과학은 어딘지 모르게 따분할 것이라는 선입견을 가지고 읽기 시작한 책은 내 염려를 비껴서 시간가는 줄 모르고 매우 빠른 속도로 책장이 넘어갔다.

책 내용 중에는 평소에 많이 접했던 영화 〈스타워즈〉의 레이저 검 내용도 있었다. 또한 중학교와 고등학교 수업 시간에 접했던 영화 〈콘택트〉와 〈할로우맨〉도 있었다. 내가 어렸을 때 보았던 〈아톰〉과 〈은하철도 999〉, 〈드래곤볼〉과 같이 어린이들을 대상으로 하는 영화에도 과학적인 요소나 모순이 있다는 사실에 내 호기심은 점점 커져 갔다. 또한 슈퍼맨이 지구를 반대로 돌린다는 내용도 흥미로웠다. 이 작품은 이렇듯 수많은 영화와 그 영화 속에 담긴 과학적 모순을 알기 쉽게 설명해 놓고 있었다. 그 중에서 가장 놀라웠던 부분은 불로장생 약을 구하기 위해 금강산, 지리산, 한라산 등 삼신산으로 서불을 보낸 진시황에 관한 일화였다.

진시황은 서불에게 많은 재물을 주면서 일을 실행하게 했는데 서불은 진시황에게 핑계를 대고 떠난다. 지금까지 내가 생각해 온 옛날 사람들은, 주어진 환경에 무조건 순응하며 살아가는 줄 알았는데 그렇지 않았다. 오래 살고 싶은 인간 본연의 욕망은 예나 지금이나 다르지 않다는 사실을 알았다.

가장 재미 있었던 부분은 어린이 만화영화나 지구를 구하는 영웅을 그린 영화에서 자주 볼 수 있는 장면이었다. 종종 지구를 구하는 영웅들은 빠르게 변신하거나 악당들을 쉽게 들어 던지는데 슈퍼맨, 울트라맨과 같은 영웅들이 실제로 이런 행위를 하며 지구를 구하겠다는 좋은 의도와는 반대로 오히려 지구에서 평화롭게 살고 있는 사람들에게 엄청난 충격과 소음 등으로 큰 피해를 준다는 것이다. 책을 읽는 동안에도 이 정도로 재미 있는 부분은 없었던 것 같다. 한 가지 더 기억에 남는 부분은 우리 인간이 살 수 있는 대체 공간으로 화성이나 금성을 지목해서 이미 여러 가지 개발과 개발 계획을 가지고 있다는 것이다. 대부분의 사람들이 알고 있듯이 지구촌의 인구 증가로 인해 지구의 공간이 비좁아져서 화성이나 금성으로 옮겨야 한다는 것이다.

지금 당장은 화성이나 금성에서 인간이 살기에는 부적절하지만 지구의 환경과 비슷한 화성에는 이끼를 이식하고 금성으로 조류를 넣은 로켓을 쏘아 금성에 있는 탄산가스를 산소와 대체하도록 했다. 전

인류가 걱정하고 풀어나가야 할 세계 인구 증가 문제를 해결하기 위해서는 우주 과학 분야의 선두 주자인 미국을 중심으로 여러 선진국들이 지구를 대체할 수 있는 화성이나 금성을 개발시켜주었으면 좋겠다고 생각했다. 또한 우리나라도 우주 과학 분야에 대한 관심을 더욱 기울여 앞으로 미래를 대비했으면 한다.

이종호의 『영화에서 만난 불가능의 과학』을 읽으면서 영화와 그 영화 속에 담긴 여러 과학 현상과 부수적인 설명들을 간접적으로나마 접해볼 수 있는 소중한 시간이었다.

영화를 만들 때 불가능한 과학적 효과를 넣을 수도 있고 과학적으로 가능성이 있는 효과를 넣어 영화를 만들 수도 있다고 한다. 하지만 그렇게 하든지 하지 않든지 나는 우선 영화감독을 비판하거나 옹호하고 싶지 않다. 다만 영화를 보는 사람들이 먼저 그 감독에게 비판하거나 옹호하는 자세를 가지기 전에 한 번쯤은 영화 속에 담긴 참된 의미와 또 여러 가지 효과들이 나왔을 때 그냥 무관심하게 지나치지 말고 그 효과가 나오기까지의 과정을 생각해봤으면 한다.

이 책을 읽고 나서 과학은 결코 어렵고 딱딱한 학문이 아니라는 것을 알았다. 뿐만 아니라 내가 그동안 가지고 있던 과학에 대한 선입견의 틀을 조금이나마 다른 각도에서 볼 수 있는 힘이 생겼다. 한마디로 학문의 즐거움을 알게 해 준 책이었다.

2

오후 4시의 숲

정상으로 오르는 길은 매미와 쓰르라미 그리고 이름을 알 수 없는 풀벌레들의 울음소리로 제법 소란스러웠다. 심심찮게 마주친 약수터 오가는 사람들의 발길이 자작나무 사이를 건너뛰는 오소리의 몸짓보다 가벼워 보인다. 일요일 오후 4시의 숲은 한여름 더위도 아랑곳하지 않고 초록 물을 두두두 게워내고 있다.

뫼비우스의 띠

뫼비우스의 띠 같은 구름이 아파트 지붕까지 희뿌옇게 내려와 앉는다. 하늘과 아파트와 내가 하나로 섞인다. 빨리 대학생이 되었으면 좋겠다는 생각을 한다. 그러면 지금처럼 잠을 몰아내기 위해 빗속에 앉아 있지 않아도 될 테니까 말이다.

다시 비가 내리기 시작한다. 커다란 우산을 쓴 채로 젖은 나무 벤치에 손바닥을 펴서 포개 본다. 차갑다.

빨간 지붕의 경비실 유리문이 빠끔 열린다. 벌겋게 충혈된 가로등 불빛이 짧게 흔들린다. 내 손에 들려 있던 영어 단어장이 스쳐간 바람 끝을 잡았다 놓는다.

아파트 단지를 쏜살같이 돌아나가는 자동차 소리가 깊은 밤의 고요를 깬다. 긴 벤치 뒤로 줄지어 서 있는 연초록 철쭉 잎에 맺힌 빗방울이 내 마음 같다.

'밤에는 바람도 잠을 잘까.'

키 작은 소나무도, 키 큰 계수나무도, 산수유나무도 조용하다. 사촌동생 연우의 손바닥만한 초록 단풍잎의 움직임도 잔잔하다. 간간이 오고가는 사람들만 핸드폰을 들고 큰 소리로 통화하며 걸어간다. 이렇게 별이 뜨지 않는 밤이면 세상은 소란한 듯 고요하다.

나도 이런 날은 수학공식이니, 영어단어니 하는 답답한 것들로부터 벗어나고 싶다.

"학생, 그만 들어가야지."

"네에!"

그러잖아도 일어설 참이었는데 경비 할아버지의 말씀에 서둘러 자리를 털었다.

집으로 돌아와 조금 전에 풀다 덮어둔 모의고사 문제집을 펼친다. 책갈피처럼 끼워져 있던 이 마이크로 샤프 한 자루가 문제집 속에서 툭! 빠지더니 또르르 굴러서 이내 침대 밑으로 들어가 버린다.

조금 전에 삭제된 잠이 넝쿨장미처럼 내 온몸을 타고 출렁출렁 번져 오른다.

서울역 시계탑

우중충한 하늘이 무척이나 을씨년스럽다. 금방이라도 흰 눈이 펑펑 쏟아져 내릴 것만 같다.

날씨 탓일까? 종종대며 오가는 사람들의 발걸음이 바쁘다. 색색의 풍선을 들고 얼굴 가득 함박웃음을 머금은 아이들의 모습이 심심찮게 내 시선을 잡아끈다.

서울역 근방 어디에 새로 개업한 피자 가게 이름과 전화번호가 부풀어 오른 풍선 위로 빙 둘러 큼지막하게 씌어져 있다. 긴 빨대에 대롱대롱 매달린 풍선이 자꾸만 바람에 춤을 춘다. 또랑또랑한 아이의 눈동자가 풍선 끝에 머문다. 자신의 손에서 저 멀리 날아가 버릴까봐 신경이 쓰이는 모양이다.

바람이 불 때마다 아이는 두 손으로 풍선을 더욱 세게 움켜쥔다. 거짓이 없는 얼굴이다. 자신의 감정을 있는 그대로 솔직히 드러낸다.

"그렇게까지 잡지 않아도 괜찮아."

엄마의 충고는 듣지 않는다. 껑충대는 아이의 발걸음이 찬 바람에 살랑거린 풍선보다 더 가벼워 보인다.

광장의 차가운 벤치에 오래 앉아 있었더니 엉덩이가 시리다. 몸을 일으켜 세운다. 그 자리에 선 채로 사방을 둘러본다. 한길 건너 연세재단 세브란스 빌딩, LG건설, 남대문 경찰서가 서울역을 바라보고 있다. 중앙일보와 벽산, 그리고 대한생명 빌딩도 보인다.

내가 한눈을 파는 사이 역 광장에는 언제 날아들었는지 비둘기들이 구구구! 귀 좀 빌리자 한다. 파드득! 훨훨! 눈도 빌려간다. 수십 마리의 비둘기들이 서울역 지붕 위로 날아서 올라앉는다.

그리고는 멀리 바라다본다. 볼 수 있는 곳까지 바라본다. 그러다가 부리로 지붕 난간을 쪼아보기도 하고 고개를 양옆으로 흔들어보기도 한다. 그들만의 신호를 보내는가 싶더니 이내 날개를 활짝 편다. 비둘기 한 마리가 제일 먼저 날아오른다. 다른 비둘기들도 뒤를 따라간다. 멀리 혹은 가까이 자신의 능력만큼 날갯짓을 한다.

내가 서 있는 곳에도 서너 마리의 비둘기가 내려와 앉는다. 종종종 먹이를 찾는다. 나는 벤치 위에 올려놓은 가방에서 옥수수 뻥튀기 몇 알을 꺼내어 뿌려준다. 공기만큼이나 가벼운 뻥튀기 알맹이가 바람을 따라 재주를 넘는다. 나를 흘끔 한 번 쳐다본 비둘기들은 부리가 넘치도록 먹이를 배어 문다. 오물오물 구구구 쿡! 비둘기들의 먹이 먹는 소리가 내 허기를 재촉한다.

헌병 제복을 입은 군인 서넛이 줄지어 지나간다. 싸악싸악 그들이 발걸음을 옮길 때마다 믿음직한 소리가 광장 안으로 깊이 파고든다.

따각따각 한 뼘은 족히 되어 보이는 높은 구두를 신고 걸어가는 여자들의 발자국 소리가 찬 기운을 급히 몰아내고 있다. 짧은 미니스커트에 무릎 바로 아래까지 올라온 롱부츠 차림에서 젊음과 아름다움이 싱그럽게 묻어 나온다.

지금은 바람이 몹시 차갑다. 코끝이 시릴 만큼. 손등도 빨갛게 얼어 있다. 옷깃을 바짝 세우고 걸음을 재촉하는 사람들의 표정이 각양각색으로 서울역 시계탑 앞에 떠다닌다.

자라목을 하고 걷는 사람, 모직 머플러로 코와 입까지 친친 감고 걷는 사람, 잠바 주머니에 양손을 쿡 찔러 넣고 걷는 사람, 자신의 손보다 두 배는 더 큰 장갑을 끼고 손을 사방으로 저으며 힘차게 걷는 사람 등 다양하다.

시계는 어느새 12시 30분을 넘어섰다. 부산을 출발한 기차가 방금 서울역에 들어왔는지 대합실을 빠져나오는 사람들의 대부분이 그 지방 사투리를 걸쭉하게 쏟아놓는다.

"아이구마, 서울 날씨가 억수로 춥그만도."

곱슬곱슬한 파마머리에 갈색 무스탕을 입고 손에는 커다란 쇼핑백을 세 개나 들고 대합실을 막 빠져 나온 어느 중년 아주머니의 말소리가 넓은 광장을 얼음판의 팽이처럼 뱅그르르 한바퀴 돌다 멈춘다.

젊은 연인들의 모습도 간간이 보인다. 오늘처럼 추운 날에도 연인들의 발걸음만은 가볍기 그지없다. 미소는 사과 향기처럼 상큼하다. 말소리는 들릴락 말락 소곤소곤 속살댄다. 둘 사이의 거리는 최대한 가까이 밀착한 채 걷고 있다. 마냥 행복해 한다. 겨울은 연인들이 사랑하기에 가장 좋은 계절인 것 같다.

이제는 어딜 가도 자신의 위치를 쉽게 알릴 수 있는 휴대전화 하나쯤은 개인 필수품이 된 것 같다. 이곳 서울역 시계탑 앞에도 휴대전화를 사용하는 사람들의 모습을 쉽게 볼 수 있다. 전화를 거는 사람, 받는 사람, 누군가를 기다리는 사람, 누군가를 배웅하는 사람, 마중 나온 사람 모두가 한 통의 전화로 통한다. 서울역 시계탑 아래서의 만남은 휴대전화가 보급되지 않았던 옛날이나 통신이 무한정 발달된 요즘이나 할 것 없이 훌륭한 만남의 장소인 것 같다.

모처럼 시험의 압박에서 벗어나 서울역 광장을 묘사하고 있는 지금 함박눈이라도 펑펑 내리면 좋을 텐데 얄미운 바람만 분다. 빨갛게 상기된 손가락 끝이 더는 글씨를 쓸 수 없다고 신호한다. 손수레를 끌고 지나가는 아저씨의 두툼한 방한복이 무척이나 따뜻해 보인다.

성균관대학교 백일장

2006년 11월 25일 토요일 흐린 뒤 맑음. 겨울 날씨답지 않게 꽤 포근한 하루였다. 서울 명륜동에 있는 성균관대학교 인문사회과학 캠퍼스 퇴계인문관에서 제47회 전국고교학생 백일장이 열린 날이다.

나는 화서역에서 지하철 1호선을 타고 네 번째 정거장인 금정역에 하차하여, 당고개행 4호선으로 갈아탄 다음, 혜화역 1번 출구를 빠져 나와 50m 정도 걸어가니 성균관대학교 셔틀버스가 대기하고 있었다.

버스는 막 출발하려는 듯 앞문이 반쯤 닫히는 중이었다. 나는 걸음을 빠르게 옮겨서 버스에 몸을 실었다. 요금은 300원이었다. 버스는 5분 간격으로 운행된다고 하였다. 셔틀버스의 종점에서 내려 가파른 언덕을 오르고 다시 계단을 두세 칸씩 건너뛰어서 퇴계인문관 7층에 도착하니 숨이 턱까지 찼다.

평소 운동을 멀리했던 탓이다. 복도에서 잠시 숨 고르기를 한 후에 내 수험번호가 적힌 교실로 들어갔다.

'아니, 이럴 수가!'

예상과는 달리 결시생이 단 한 사람도 없었다. 당연한 일인데도 순간 뒤통수를 한 대 얻어맞은 듯 머리가 띵했다.

자리에 앉아 조금 기다리자 주의사항과 함께 '핵실험' 이라는 글제가 발표되었다. 운문·산문 포함하여 제목은 달랑 한 개였다.

"헐! 제목이 왜 이래."

"선생님! 다른 제목은 없어요?"

제목이 마음에 들지 않는다며 투덜투덜 한마디씩 던지는 참가자들의 웅성거림으로 교실 안이 잠시 소란스러웠다. 그야말로 핵 같은 위력을 가진 글제가 주어진 것이다.

'하필이면 이때 핵실험을 할게 뭐냐고…….'

함경북도 길주군 풍계리 일대에서 불과 달포 전에 터진 북한 지하 핵실험이 나도 원망스럽긴 마찬가지였다. 백일장 글제가 너무 무겁다는 생각이 들었다. 그래도 어쩌겠는가. 어떠한 제목 앞에서도 두려워하거나 흔들리지 말아야 하는 것, 그래서 정해진 시간 안에 나만의 톡톡 튀는 기발한 시상을 유감없이 발휘해야 하는 것, 그것이 곧 백일장 참석자들만이 느낄 수 있는 완벽한 희열인 것을 말이다.

나는 운문을 선택했다. 그리고 탑을 쌓듯 공들여 작품을 창작하여 제출하고 돌아오는 길에 학교 앞 포장마차에서 2000원짜리 계란빵 한 봉지를 사서 허기를 면했다.

정말 맛있었다. 나의 빈속을 든든하게 채워준 계란빵처럼 희망으로 목마른 가슴을 촉촉하게 적셔 줄 수 있는 결과를 얻을 수 있었으면 좋겠다. '핵실험' 이란 글제에 조금 당황하긴 했지만 의미 있고 뜻 깊은 시간이었다.

서바이벌 게임

보행자 신호가 깜박인다. 나는,
급한 마음을 앞세우고
하얀 빗금, 일정한 가로 줄무늬
딱 고만큼의 간격으로 보폭을 잡는다.
평화인쇄소 간판을 뚫어지게 쳐다보며
처억 처억 처억척 걷는다.
발바닥이 경련을 일으킬 듯 움찔댄다.
밀탑 과자점 주인이 등 뒤에서
학생! 거스름돈은 받아가야지, 한다.
됐어요, 나의 몸은 앞으로 전진하고
목소리만 뒤돌아 건너간다.
보행자 신호가 채 끝나기 전에
대기 중이던 자동차들 일제히 속력을 낸다.

거스름돈 100원이 문제가 아니라고 외친
내 목소리가 바퀴에 또르르 감기더니
이내 조각 조각 떨어져 나간다.
"야! 뛰어!"
누군가 다급한 목소리를 던진다.
"지금 몇 신데?"
"6시 57분!"
손목시계를 들여다 본 내 눈동자가 커진다.
세븐 일레븐 편의점 지나고
봉희 떡 방앗간 지나서
학우당을 팔꿈치로 꺾고 통과한 교문
운동장 가득
푸른 물고기들이 지느러미를 흔들고 있다.

매듭

막내 이모가 파김치를 보내주셨습니다.

김치 통은 '맛의 비결 30년 전통' 이라고 적힌 후라이드·양념치킨 양동수일통닭 봉지 안에 담겨진 후 다시 주황색 노끈으로 단단히 묶여 있습니다. 어머니는 그 노끈을 풀기 위해 한참 실랑이하시더니 그만 비닐봉지의 옆구리를 가위로 자르고 김치 통을 꺼내서 냉장고에 보관하셨습니다.

며칠 후 베란다 빈 박스 안에 버려진 그 비닐봉지를 우연히 보았습니다. 노끈은 아직 그대로 묶여 있었습니다. 문득 그 비닐봉지의 입구를 꽉 죄고 있는 노끈을 풀어보고 싶다는 충동이 생겼습니다.

빨간 벼슬을 가진 하얀 수탉 한 마리가 김이 모락모락 올라온 통닭 접시를 들고 입을 크게 벌리면서 좋아하고 있는 비닐봉지입니다. 그림이 조금 아이러니했지만 옆구리가 잘려서 너덜거리는 비닐봉지를 집어 들었습니다. 며칠 전까지만 해도 그렇게 단단히 묶여져서 끄떡

하지 않던 노끈이 약간 느슨해 보였습니다.

시간이 지나면 아무리 미운 마음도 이렇게 느슨해질 수 있겠다는 생각이 들었습니다. 그러자 '화해'라는 단어가 떠올랐습니다. 내 마음속에는 꼭 화해를 해야 할 친구가 있었던 것입니다.

고등부 종합학원에 다니면서 선행학습을 할 때였습니다. 민혁이와 난 학교는 서로 달랐지만 같은 학원, 같은 반에서 공부를 하였습니다. 하루는 숙제로 내준 사회 프린트를 가져오지 않았다면서 민혁이가 걱정했습니다. 그래서 나는 민혁이에게 프린트 뭉치를 통째로 빌려주었습니다.

"고맙다! 얼른 갔다 올게. 출석 부를 때 얘기 좀 잘 해줘."

민혁이는 학원에서 조금 떨어진 문방구로 복사를 하기 위해 뛰어나갔습니다. 그리고 얼마 후, 사회 선생님이 들어오셨습니다.

"숙제는 다 해 왔겠지?"

"네!"

그날따라 아이들의 목소리가 유난히 힘차게 들렸습니다.

"그럼, 지금부터 숙제 검사를 하겠다. 모두 책상 위에 올려놓거라."

선생님은 출석을 부른 다음, 곧바로 숙제 검사에 들어가셨습니다.

'여태 안 오고 뭐한 거야.' 나는 불안한 마음을 감출 수가 없었습니다.

"김주훈! 숙제 안 했니?"

"선생님 그게 아니라, 민혁이가 복사한다고 빌려갔거든요."

그때였습니다. 강의실 문이 삑 열리더니 민혁이가 헐레벌떡 뛰어들어왔습니다.

"야, 차민혁! 내 숙제 내놔."

"아차! 깜박했다."

민혁이는 내가 빌려준 프린트 뭉치를 문방구에 두고 왔다는 것입니다.

"미안하다."

"아무리 바빠도 그렇지 어떻게……."

나는 더 이상 할 말이 없었습니다. 그날 내 손바닥은 예상에 없던 수모를 당해야 했습니다.

그 일이 있고 얼마 지나지 않아서 민혁이는 지방으로 전학을 가게 되었습니다. 그래서 민혁이하고도 자연스럽게 절교를 하게 되었습니다. 민혁이는 내게 딱 한 번 미안하다는 내용의 문자 메시지를 날렸습니다. 하지만 나는 미움의 통증이 심해서 답변을 보낼 수가 없었습니다.

그렇게 2년이란 세월이 흘렀습니다. 그런데 문득 비닐봉지에 묶여 있는 매듭을 풀다가 민혁이와 화해를 해야겠다는 생각이 들었습니다. 어쩌면 민혁이 마음도 지금 내 손에 들려 있는 비닐봉지처럼 답답했을지 모릅니다.

나는 왼손과 오른손의 엄지와 검지를 이용해서 길이가 짧은 쪽 끈을 매듭진 한가운데로 조금씩 밀어보았습니다. 그렇게 몇 번 반복했더니 예상보다 쉽게 매듭이 풀렸습니다. 내 속이 시원해짐을 느낍니다.

"민혁아! 보고 싶다."

비닐봉지를 서둘러 내려놓고 핸드폰에 저장되어 있는 민혁이의 전화번호를 찾아서 꾹 눌렀습니다.

낯선 기호

해묵은 그리움이 지워진 세월만큼 조급하다.
숨 가쁘게 넘어가는 텔레파킹 지점에서
알 수 없는 파일의 메모리 없음 메시지가
연일 경고음을 쏟아낸다.

아, 그리운 사람들의 목소리는 다 어디로 갔을까.
그 아름다운 이름들을 가만가만 불러본다.
내 아버지
내 어머니
내 형님
내 누이
그리고 돌아가고 싶은 날의 아름다운 풍경들.

그들의 이름 위에
남북 화합 공동 마우스를 조심스레 올리고
주저 없이 더블 클릭한다.
보석 같은 빛이 반짝인다.
주인의 손길을 애타게 기다리던 파일들이
차례차례 고개를 내민다.

"지워진 세월이 모두 복원되었습니다.
더 이상 손상된 파일은 없습니다.
기록된 메모리를 확인해보시기 바랍니다."

집 안 가득 웃음소리가 울려 퍼진다.
금강산이 눈부시게 아름답다.
개성 공단에 불이 환하다.
법운암 단청의 풍경 소리가 한없이 맑고 평화롭다.

꽁꽁 얼어붙은 반세기를 단숨에 허물고
남북이 다시 하나가 되었다.
남북 화합 공동 마우스가 지정한 경로에
더 이상 낯선 기호나 오류는 없었다.

봄과 나무

햇볕 따사로운 사월이다. 산수유, 개나리, 진달래, 목련, 벚나무까지 온통 꽃 잔치를 벌였다. 우리들 중 누구 한 사람도 새순을 틔우라고 재촉하지 않았으며 어서 빨리 예쁜 꽃을 피우라고 강요하지도 않았다. 그런데 계절은 자기들끼리 알아서 척척 잘도 바뀐다. 좀 더 머물다 떠나겠다고 터무니없는 고집을 부리거나 욕심내지 않는다. 나는 이렇듯 정직한 자연의 섭리에 절로 숙연해지곤 한다.

헤밍웨이의 『노인과 바다』에서 나오는 생선처럼 앙상하고 볼품없던 나뭇가지에 봄비가 내려와 초록색 물감을 살풋살풋 뿌리고 지나갈 때마다 연둣빛 새싹들이 힘찬 함성을 지르며 깨어난다.

"소곤소곤"

"재잘재잘"

여기저기서 봄들의 속삭임이 들려온다. 봄은 지금 우리들 곁에서 쑤욱쑤욱 물오른 나무들을 키워내고 있다. 하루가 다르게 시시각각

형태를 달리하며 자라나는 나뭇잎들이 아직은 작고 여리다. 내가 살고 있는 아파트 단지에 울타리 대신 심어진 개나리와 벚꽃나무에도, 화단 곳곳에 심어진 자목련과 백목련 가지에도 봄이 흐드러지게 내려앉아 도란도란 향기를 퍼뜨리고 있다.

이렇듯 생명의 결정체를 만들어 내는 봄은 넝쿨장미 나뭇가지 끝에도, 철쭉나무 꽃봉오리에도 어느새 희망찬 새 생명의 입김을 불어넣었다. 노란 꽃잎 네 장 수줍은 듯 옹기종기 모여 있는 산수유나무에도 영롱한 봄의 이슬이 두어 방울 맺혀 있다.

대추나무, 앵두나무, 사과나무, 복숭아나무의 실가지 사이사이에도 봄바람이 오솔길을 만들며 지나간다. 등나무 가지에도 상큼한 봄 내음이 진동한다. 나무들은 지금 봄바람이 몰고 온 꽃향기에 흠뻑 젖어 사월의 아름다운 꿈을 꾸고 있다. 공중에 발자국을 남기지 않는 새처럼 나무의 우듬지를 키우는 봄은 제 존재를 확인시키려 애쓰지 않는다.

어머니 울지 마세요

잊혀진다는 것만큼 슬픈 일도 드물 것이다.

이제 세상은 하나이다. 인터넷 속으로 들어가면 지구촌 사람들을 모두 만날 수 있다. 하루가 다르게 변모해 가는 현대인들의 삶은 얼마나 복잡하고 다양한가. 그런 복잡하고 다양한 변화의 물결을 한눈에 알아볼 수 있는 곳 또한 인터넷 세상이다.

나는 인터넷 세상에서 이루어진 다양한 만남을 즐기는 편이다. 밥 한 끼 먹지 않는 일은 별 문제가 없지만 시시각각 홍수처럼 쏟아져 나오는 갖가지 정보를 입수하지 않으면 괜히 불안하기 때문이다. 이러한 내 모습을 지켜보시는 부모님은 늘 한심해 하신다.

그렇지만 어쩌겠는가? 세상이 그런 것을. 누구든 세상과 타협하지 않으면 단 하루도 맘 편히 살아갈 수 없는 것이 지금의 현실이다. 그러한 현실에 발맞춰 나가기 위해선 주어진 일에 최선을 다하는 수밖에 없다.

이제 겨우 열다섯 살인 내가 잊혀진 한국 전쟁에 대해 이러쿵저러쿵 내 의견을 글로 표현해낸다는 것은 분명 욕심이다. 그것은 또한 황당하고 주제넘은 일임을 부인하지 않겠다. 하지만 내가 살고 있는 조국의 분단 현실은 해마다 같은 주제를 가지고 한 편의 글을 완성해야만 한다. 그것이 우리의 아픈 현실인 까닭이다.

내년에는 제발 색다른 성격을 띤 글과 만날 수 있었으면 하는 바람이다. 그러기 위해선 지구상에 남아 있는 유일한 분단 국가인 남과 북이 하나로 합쳐지는 일이라고 생각한다.

한국 전쟁을 직접 겪은 우리 할아버지와 할머니는 이제 다 돌아가시고 안 계신다. 내게 전쟁에 관한 이야기를 하나하나 자세하게 들려주신 유일한 분들이셨는데 말이다. 그렇다고 부모님한테 들을 수도 없는 일이다. 물론, 그동안 어른들로부터 전해들은 이야기를 더듬더듬 들려주시기는 했지만 말이다. 전쟁 세대가 아닌 우리 부모님 역시 한국 전쟁에 관한 이야기는 늘 까마득하다고 말씀하신다.

"이 나라는 도대체 언제 통일이 되려나."

나와 함께 인터넷에서 한국 전쟁에 관한 자료들을 검색하시면서 어머니는 연신 안타까워 하셨다. 몇 해 전, 6·25전쟁 50주년 남북이산가족 상봉이 이루어지던 당시의 사진들을 보면서 눈시울이 붉어지셨다.

나 역시 〈어머니 울지 마세요〉라는 제목이 붙어 있는 사진을 들여다 볼 때 눈물이 울컥 쏟아져 내렸다. 그것은 제목이 주는 안타까움만큼이나 가슴 아프게 만든 장면이었다.

북쪽의 아들과 남쪽의 어머니가 50년 만에 만난 것이다. 생각만 해도 서러운 일이 아닐 수 없다. 50일도 아니고, 다섯 달도 아니고, 5년도 아닌 50년이라니……. 생각만으로도 숨이 차다.

헤어질 당시의 아들은 지금의 나처럼 십대 초반이었고 어머니 역시 지금의 내 어머니처럼 젊으셨다. 하지만 반세기를 훌쩍 뛰어넘은 세월은 어머니와 아들의 모습을 한없이 낯설게 만들어 놓았다.

온몸의 피가 파삭하게 말라버린 듯한 시간 앞에서 어머니와 아들은 할 말을 잃었다. 오랜 기다림의 시간만큼이나 하염없이 흘러내리는 어머니의 눈물을 말없이 닦아내는 아들의 주름진 얼굴에도 그리움의 눈물이 흐른다. 그들은 적당한 거리를 두고 마주앉은 채 울고만 있다. 떨어져 있던 세월만큼 사연도 많을 텐데…….

그들은 한마디 말이 없다. 서로의 볼을 쓰다듬으며 마냥 울고 있을 뿐이다. 백발이 성성하고 주름이 자글자글한 어머니의 모습도, 고단한 세월의 강을 건너온 듯 피로에 지친 아들의 모습도 너무나 슬퍼 보인다.

"두 번 다시 이런 비극은 없어야 할 텐데……."

"엄마, 그런데 왜 통일이 되지 않는 거예요."

"그러게 말이야."

50년만의 길고 지루한 기다림은 3일간의 만남을 가진 뒤 다시 기약할 수 없는 이별의 시간 속으로 그들을 갈라놓았다. 그것은 아무도 예측할 수 없는 시간이다. 그래서 더 가슴 아픈 이별인지도 모르겠다.

사진을 덮고 잠시 내 생각을 정리해 본다. 그분들의 희생이 아니었다면 지금의 나는 없었을지도 모른다. 항상 부모님의 따뜻한 보살핌 속에서 내가 생활할 수 있는 것 또한 그분들의 희생정신이 있었기에 가능한 일이라고 믿는다. 내가 인터넷을 통해 세계 곳곳에서 일어나고 있는 크고 작은 정보와 부담 없이 만날 수 있는 것 역시 그분들의 희생정신이 있었기에 가능한 일이라고 생각한다. 누군가의 값진 희생정신은 또 다른 누군가에게 희망의 등불이 된다는 사실을 깨달았다.

전쟁을 겪고 전쟁의 희생양이 되어 반세기를 훌쩍 뛰어넘은 세월

동안 그리움과 안타까움과 보고픔에 꿈과 희망이 수시로 무너져 내렸을 기성세대의 희생이 아니었다면 지금의 나는 존재하지 않았을지도 모른다. 내 현실에 만족할 줄 모르고 부모님 혹은 주변인들에게 감사할 줄 모르고, 언제나 불만으로 가득했던 나의 생활에 한 장의 사진이 던져준 의미는 대단했다. 많은 일들을 반성하게 했고, 부모님 은혜를 새삼 느끼게 했다. 무엇보다 조국의 소중함을 일깨워주었다.

이 글을 쓰고 있는 나는 지금 대단한 애국자라도 된 듯한 기분이다. 대한민국이란 나라를 사랑해야겠다는 힘이 불끈불끈 솟아오른다. 그래야 기약할 수 없는 이별 속으로 들어간 그들의 한을 하루라도 빨리 풀어줄 수 있을 것이다.

하루하루 주어진 일에 최선을 다 하다 보면 언젠가는 나도 다른 사람의 어둠을 밝게 비추어 줄 수 있는 등불이 될 수 있을 것이라고 믿는다. 그것은 곧 나 자신의 일을 게을리 하지 않는 것이리라.

— 호국 · 보훈의 달 글짓기 대상 수상 작품.

민들레

한샘학원 앞 도로변 보도블록 틈새에 민들레꽃 한 송이가 피어 있습니다. 아무리 생각해도 꽃을 피우기 힘든 환경입니다. 그런데도 샛노란 꽃송이를 받쳐주는 진초록의 줄기와 잎사귀까지 달고 당당하게 피어 있습니다. 학원 수업을 마치고 와글와글 떠들며 빠져나오는 아이들의 발에 수없이 밟히고도 괜찮다는 듯 자신의 몸에 묻은 흙먼지를 탁탁 털어 냅니다.

"괜찮니?"

바람이 불어와 민들레의 손목을 잡아줍니다.

"고마워."

민들레는 꾸뻑 인사를 하며 씨익 웃습니다. 바람과 민들레는 그렇게 단짝 친구가 되어 살아갑니다. 그렇게 많은 사람들의 발길에 차이고 밟히면서도 포기하지 않고 다시 일어나서 방실방실 웃으며 꿋꿋하게 살아가는 민들레를 볼 때마다 정말 신기하다는 생각이 들곤 합니다.

'도대체 어떻게 하면 민들레처럼 강한 인내심을 가질 수 있을까.'

나는 학원에서 집까지 걸어오는 길에 온통 그 생각뿐이었습니다. 집요하게 나를 따라 붙는 민들레에 대한 생각을 차마 떨쳐버릴 수가 없습니다. 그래서 성원아파트 107동 화단에 드문드문 피어 있는 민들레꽃을 자세히 관찰해 보기로 마음먹었습니다.

언뜻 보면 노란 국화처럼 생긴 유난히 샛노란 빛을 가지고 있는 민들레꽃은 두상 꽃차례를 이루어 피어 있었는데 그 꽃차례는 진초록의 잎사귀 사이에서 나오는 꽃줄기 위에 만들어져 있었습니다. 그리고 뿌리에서부터 땅 위로 따라 올라와서 옆으로 퍼져 자란 잎은 날개의 깃처럼 갈라져 있었습니다.

'이래서 강한가?'

그동안 무심코 지나쳤던 민들레도 꼼꼼하게 들여다보니 신기한 점이 한두 가지가 아니었습니다. 그래서 고개를 민들레 가까이 떨어뜨리고 한참을 살펴보았습니다. 이런 내가 이상해 보였는지 지나가시던 동네 할머니께서 걸음을 멈추고 한마디 하셨습니다.

"잎사구랑 줄기 삶어서 참기름 치고 조물조물 무치면 먹을 만혀."

할머니 눈에는 내가 민들레를 캐는 것처럼 보이셨나 봅니다.

"예에! 민들레를 먹는다구요?"

"그럼, 먹고말고."

안경 너머로 보이는 할머니의 눈동자가 빛났습니다. 어린 민들레 잎과 줄기는 나물로 무쳐 먹을 수 있다고 하셨습니다. 그리고 통째로 말린 민들레를 포공영이라고 하는데 한방에서 다른 약제와 섞여 소화제로 쓰인다는 귀한 말씀도 해주셨습니다. 그러더니 갑자기 내 등을 탁 치시면서, "민들레처럼만 강하게 살면 후회 없을 겨." 하시고는 뒷짐을 지고 아파트 경로당 쪽으로 걸음을 옮기셨습니다.

나는 민들레 한 그루를 잡고 살짝 흔들어보았습니다. 뿌리가 얼마나 깊은지 꿈쩍도 하지 않습니다. 역시 뿌리는 깊어야 강하다는 걸 새삼 깨닫습니다.

그 깊이를 잴 수는 없지만 아마도 한샘학원 앞 보도블록 틈새에서 피어난 민들레의 뿌리도 틀림없이 땅속 깊은 곳에 자리 잡고 있을 것입니다.

"주훈아! 우리 피파온라인 딱 한 판만 할래?"

가끔 나를 향해 던지는 친구들의 달콤한 유혹에 흔들리지 않도록 나도 민들레처럼 깊고 강한 의지를 가져야겠습니다. 강한 생명력과 번식력을 가진 민들레가 온갖 시련 다 이겨내고 하얀 홀씨를 온 누리에 날리듯이 뿌리가 깊다는 것은 준비된 미래가 있다는 뜻일 것입니다.

기억의 습작·1

— 외할아버지와 새총

바람이 세차게 분다. 하늘에서는 쉬지 않고 커다란 눈송이가 펑펑 내리고 있다. 앙상하던 가로수 가지마다 눈부시게 새하얀 눈꽃이 호르르 피어오른다.

머플러에 털모자를 쓰고 외투 주머니가 수북하게 부풀어 오르도록 장갑 낀 손을 푹 집어넣고 종종종 걷는 사람들 옆으로 〈도미노 피자〉 통을 실은 오토바이 한 대가 스치듯 쏜살같이 달려간다. 시간이 지날수록 눈발은 점점 더 거세지고 사람들은 약속이라도 한 듯이 우산을 앞쪽으로 기울인 채 걸음을 재촉한다.

"세상은 더불어 사는 것이제."

문득 외할아버지의 목소리가 내 기억의 칩을 열어젖힌다.

그러니까 초등학교 1학년 겨울방학 때의 일이다. 그날도 지금처럼 함박눈이 펑펑 쏟아졌다. 나는 추운 줄도 모르고 강아지 뒤를 쫓으며 뛰어놀았다. 그때 어디선가 참새 떼가 우르르 날아와서는 외갓집 앞

마당 포도나무 위에 짹짹거리며 줄줄줄 내려앉았다. 너무 신기했다. 나는 뛰놀던 것을 멈추고 그 광경을 오랫동안 지켜보았다.

"할아버지, 참새가 왜 여기로 날아온 거예요?"

"배고파서 찾아온 것이제. 허허!"

외할아버지는 대나무 가지를 묶어서 만든 빗자루로 마당에 쌓인 눈을 쓸어 모으며 대꾸하셨다.

"어차피 먹을 것도 없잖아요."

"먹이는 할애비가 줄게다."

하시더니 싹싹 쓸어내어 반질반질해진 마당 가운데로 창고에서 꺼내온 볍씨를 한사코 뿌리셨다. 그러자 포도나무 위에서 짹짹거리며 앉아 있던 참새 떼가 앞다퉈 마당으로 내려와서는 먹이를 쪼아댔다.

"할아버지, 저 참새 한 마리만 잡아주세요. 네?"

"그래, 할애비가 새총 만들어 줄 테니 네가 잡아보거라."

"제가요? 야! 신난다."

외할아버지는 대답대신 환하게 웃으셨다. 그리고는 겨울 땔감으로 쌓아 놓은 나뭇짐 사이에서 나뭇가지 하나를 쭉 잡아당기시더니 작은 실톱을 이용하여 알파벳 와이(Y) 모양이 되도록 나무를 다듬으셨다. 그리고 사포로 나무의 표면이 윤기가 날 때까지 문지르셨다. 계속하여 와이(Y) 모양의 양쪽 끝 부분에 빙빙 둘러 홈을 파고 그 자리에 검정색 바느질실을 칭칭 감아서 묶은 후에 까만 고무줄을 덧대어 단단하게 묶은 다음 고무줄을 적당한 길이로 잘라내셨다.

"어디 보자."

외할아버지는 한 손으론 나무 손잡이를 잡으시고 다른 한 손으론 까만 고무줄을 잡으시더니 살짝 당기는 시늉을 하신다. 그리고 외할아버지가 입고 계신 바지에서 갈색의 낡은 혁대를 풀어 한쪽을 잘라내시더니 날카로운 송곳으로 양쪽에 작은 구멍을 하나씩 뚫은 후, 나무에 묶여진 고무줄에 한쪽씩 끼워서 새총을 완성하셨다. 그리고는 마당에서 모이를 쪼던 참새 떼를 향해 탕! 하고 입소리만 내신다.

"할아버지 저도 한번 해 볼게요."

외할아버지는 내게 새총 잡는 방법을 알려주셨다. 나는 외할아버지의 설명대로 시도해 봤지만 참새는 한 마리도 잡지 못하고 오히려 먹이를 쪼던 참새 떼를 모두 날아가게 만들어 버렸다.

그때 만약 외할아버지께서 직접 만드신 새총으로 참새를 잡아주셨다면 나는 지금까지 그 새총을 보관하지 않았을지도 모른다. 외할아버지는 나에게 생명의 소중함을 일깨워주셨던 것이다. 뿐만 아니라 어려울수록 더불어서 살아가야 하는 지혜를 깨닫게 해 주셨다. 나는 지금도 외할아버지 생각이 날 때마다 내 책상 두 번째 서랍 누런 서울은행 봉투 속에 잘 보관해 놓은 새총을 꺼내서 만지작거리며 추억을 떠올리곤 한다.

"우리 강아지가 할아버지 혁대 꼭 사 드릴거지?"

"네! 할머니……."

외할머니는 빨갛게 상기된 내 볼을 스웨터 자락으로 감싸며 뽀뽀를 해주셨다. 나는 그때 두 팔을 벌려 커다란 원을 그리며 엄청 많은 양의 혁대를 사 드리겠다고 약속했었다. 그런데 외할아버지는 내게 약속 지킬 기회도 주지 않으시고 하늘나라로 떠나가셨다.

내가 그렇게 좋아했던 외할아버지의 마지막 선물이 되어버린 새총의 전체 길이가 14센티미터이고 그 중에서 손잡이 부분은 7.5센티미터이며 고무줄을 묶을 수 있게 만들어진 와이(Y) 부분은 각각 6.5센티미터라는 걸 재어보기까지 내 기억 속에서 영원히 살아 계신 외할아버지의 모습이 너무 그리웠다. 외할아버지를 향한 나의 그리움이 더 많이 모아지는 날, 그땐 새총의 둘레도 재어볼 것이다.

이렇듯 새총은 외할아버지의 모습이 희미해질수록 내게 더욱더 소중한 의미로 부각된다. 이 세상 그 어떤 것보다도 귀하고 소중한 외할아버지의 선물인 새총을 나는 언제까지나 간직할 것이다.

내게 그날 새총만 만들어 주시고 참새는 잡아주지 않으셔서 몹시 서운했었는데 이제는 그 이유를 알 것 같다. 외할아버지의 따뜻한 마음이 그 많은 참새 떼를 외갓집 마당으로 불러들였던 것이다.

기억의 습작 · 2

— 이사

이사 가는 날 아침.

부모님을 도와서 책장의 책들을 꺼내 빈 박스에 가지런히 담다가 무심코 『동물농장』의 책장을 넘깁니다. 오래된 사진 한 장이 방바닥으로 툭 떨어집니다.

요즘은 보기 드문 4×6cm의 규격. 아주 작고 빛바랜 사진입니다. 그 속에 까까머리를 한 사내아이가 고개를 오른쪽으로 갸우뚱 떨어뜨린 채 입가에 웃음을 가득 물고 있습니다. 긴 머리를 양 갈래로 단정히 빗어 묶고 예쁜 원피스에 빨간 구두를 신은 누나도 있고 내가 제일 좋아하는 외할머니도 우리들의 손을 잡고 서 계십니다.

나는 사진 속의 기억을 더듬어 봅니다. 아무리 생각해도 떠오르지가 않습니다. 보고 또 보고 하다가 우연히 사진 뒷면에 눈길이 갔습니다. 사진 뒷면에는 또박또박한 글씨체로 '1991년 가을 지산유원지!' 라고, 적혀 있습니다.

갑자기 그곳이 어디인지 궁금해집니다. 나는 하던 일을 멈추고 의자에 주저앉으며 혼잣말을 합니다.

'우리는 왜 지산유원지에 있었을까.'

그때였습니다.

"뭐라구? 큰 소리로 해봐."

책 박스에 테이프로 포장을 하시던 아버지께서 어느새 대꾸를 하십니다.

"아니에요."

나는 얼른 대답을 한 다음 생각에 잠깁니다.

아니 혼란스럽습니다. 지금 내가 들고 있는 사진 속에서 외할머니는 분명히 서 계십니다. 건강해 보이십니다.

"야, 김주훈! 일하다 말고 뭐해?"

포장이 끝난 책 박스 하나를 거실 한쪽 벽을 향해 빠르게 밀어내며 아버지는 다시 한 번 재촉하십니다.

"알았어요. 아빠."

나는 들고 있던 사진을 유심히 살핍니다. 그리고는 질문을 합니다.

"혹시, 이 사진 아빠가 찍으신 거예요?"

"어떤 사진 말이니?"

"이거요."

"그 사진을 어디서 찾았니?"

"이 책 속에서 빠졌어요."

나는 『동물농장』을 아버지께 보여드립니다. 사진 찍기를 좋아하신 아버지는 그 사진에 대해서 자세히 설명을 하십니다.

"너랑 누나가 외갓집에서 생활할 때이니까 외할머니 연세는 쉰다섯, 누나는 여섯 살, 너는 세 살이겠구나. 참 그때는 외할머니께서 젊고 건강하셨단다."

아버지와 어머니가 직장에 다니셨기 때문에 우리들은 시골 외갓집에서 자랐고 언젠가 부모님이 우리를 만나러 오셔서 '지산유원지' 나들이 길에 찍은 사진이라고 자세하게 말씀해 주셨습니다.

아버지의 이야기를 다 듣고 나니 갑자기 눈물이 핑 돕니다. 교통사고로 건강을 잃어버리신 외할머니 생각에 나는 지금 마음이 아픕니다. 예전에 우리 집 이사하는 날이면 외할머니는 먼 길을 주저하지 않고 오셔서 집 안 청소며, 이삿짐 정리를 해 주곤 하셨습니다. 뿐만 아니라 빨간 팥고물을 얹은 시루떡을 해서 이웃집에 돌리곤 하셨습니다.

"우리 애들 잘 부탁합니다."

이 말씀도 잊지 않으셨답니다. 그러나 오늘은 너무 쓸쓸합니다. 외할아버지, 외할머니가 더 이상 우리 집 이사하는 날 오실 수 없기 때문입니다.

기억의 습작 · 3

— 아이스크림

아파트 단지 내 〈K-마트〉 냉동고 앞에는 아이스크림을 사러 나온 사람들로 발 디딜 틈 없이 붐볐습니다. 100년 만에 찾아왔다는 삼복더위를 몰아내기 위해서 나도 빵빠레를 샀습니다.

빵빠레 속에는 내 어린 시절의 추억이 달콤한 크림처럼 녹아 있습니다. 내 방에서 선풍기 바람을 쏘이며 의자에 몸을 깊숙이 말아 넣고 앉아 아이스크림을 먹습니다. 방 안에는 비틀스의 〈예스터데이〉가 흐릅니다. 음악에 맞춰 고개를 끄덕끄덕 하다가 벽에 걸린 달력과 눈이 마주쳤습니다. 순간 학교 개학이 얼마 남지 않았다는 걸 깨달습니다.

나는 먹고 있던 아이스크림을 책상 위에 두고 책상 정리를 시작했습니다. 자주 보는 책과 그렇지 않은 책을 구별하고 책상 서랍도 정리하였습니다. 책상 서랍에는 그동안 무심코 버려두었던 학용품들로 꽉 차서 지저분했습니다. 잉크가 굳어 버린 볼펜, 부러진 자, 반쯤 쓰다 남은 샤프심, 휴대용 단어장 등 내가 신경 쓰지 못했거나 기억 속에서 잊혀진 물건들로 가득했습니다.

서랍 정리가 어느 정도 마무리 될 즈음 낡은 사진 몇 장을 발견하였습니다. 그 사진들은 대부분 어릴 적 누나와 내가 외갓집에서 찍은 것들이었습니다. 그 중에서 가장 인상적인 사진은 외할아버지께서 손수 재배하신 홍시를 들고 사다리 위에서 찍은 사진이었습니다. 나는 잠시 서랍 정리를 멈추고 나도 모르게 머릿속 어딘가에 자리 잡고 있는 기억의 태엽을 되감기 시작했습니다.

나는 세 살부터 다섯 살까지 외갓집에서 자랐습니다. 봄에는 외할머니께서 직접 만들어 주신 쑥떡을 먹고 여름에는 시원한 수박 화채를 먹으며 마당에서 새끼 강아지들과 신나게 놀았습니다. 가을에는 외할아버지께서 직접 재배하신 맛있는 홍시랑 포도를 먹으며 가을의 풍요로움을 느끼곤 했습니다. 겨울에는 외할머니께서 김이 모락모락 오른 팥 시루떡을 만들어 주셨는데 그 떡을 먹으면서 바라본 눈 내린 시골 풍경은 한 폭의 그림 같았습니다.

저녁 시간이면 나는 대문 앞까지 나가서 외할아버지를 기다리곤 했습니다. 그 이유는 외할아버지께서 일을 끝내고 돌아오시는 길에 하루도 거르지 않고 팡파르 아이스크림을 사 오셨기 때문입니다. 외할머니께서 만들어 주신 여러 가지 간식거리나 외할아버지께서 재배하신 다양한 과일들도 맛있었지만, 외할아버지께서 사 주신 아이스크림 맛도 잊을 수가 없습니다.

탁! CD가 다 돌아갔다는 신호를 보냅니다. 회상에 잠겨 있던 나는 깜짝 놀라 사진을 다시 한 번 보고 책상 위에 조심스럽게 올려놓습니다. 그리고 남은 아이스크림을 마저 먹으려는데 맛이 없습니다.

분명 아이스크림을 만드는 기술이나 원료가 그때보다 훨씬 많이 발전했을 텐데, 13년 전 외할아버지께서 사주셨던 그 맛이 아닙니다. 그것은 아마도 손자를 향한 외할아버지의 사랑이 세상 어떤 단맛보다 강했기 때문이라고 생각합니다. 사랑하는 마음보다 달콤한 맛을 가진 아이스크림은 없는 것 같습니다.

다시 비틀스의 〈예스터데이〉를 되감습니다. 외할아버지가 보고 싶습니다.

바이올렛 향기

며칠째 내리던 비도 말끔히 그치고 하늘은 파란 융단을 깔아놓은 듯 투명합니다. 손가락 하나 살짝 갖다대면 금세 푸른 물줄기가 주르륵 쏟아질 것만 같습니다. 활짝 열린 창문을 통해 바깥 세상의 풍경들이 한꺼번에 밀고 들어오느라 야단입니다. 귀청을 찢을 듯이 울어대는 매미와 쓰르라미 울음 사이로 뒤섞인 이름 모를 산새 소리. 우리 집 거실은 여름의 소리들로 가득합니다.

건조대 옷걸이에 걸린 내 여름 교복이 뽀얀 빛깔로 한들거립니다. 파도가 물결치듯 잔잔하게 흔들립니다. 바람이 한 번씩 스치고 갈 때마다 바이올렛 향기가 내 코끝에 달려와 앉습니다. 상큼합니다.

나는 그 향기가 좋아서 연신 숨을 들이마십니다. 교복에서 풍기는 향기만으로도 계절을 짐작할 수가 있습니다. 겨울부터 봄까지는 아로마 향기가 나고, 여름부터 가을까지는 바이올렛 향기가 나기 때문입니다.

베란다 너머로 보이는 놀이터에 아침 햇살이 무리 지어 내려오고 있습니다. 타이어 바퀴로 만들어진 그네에도 피노키오가 그려져 있는 미끄럼틀과 늑목에도 말갛고 고운 햇살이 서둘러 쏟아집니다. 이제 곧 해맑은 아이들의 웃음소리가 놀이터 안을 가득 채울 것입니다.

미술 시간

한글 백일장이 열리고 있는 효원공원을 가야 될까 아니면 가지 말아야 될까 망설여졌습니다. 왜냐하면 아침부터 내렸다 그쳤다 몇 번을 반복하던 빗방울이 집을 나서려는 순간 다시 내리기 시작했기 때문입니다.

오늘 날씨는 지난 월요일 학교 미술 시간에 있었던 내 마음과 똑같았습니다.

"오늘 그릴 주제는 어제 일요일에 있었던 일 중에서 가장 즐거웠던 일을 그림으로 재미 있게 나타내도록 하겠습니다."

라고, 선생님께서 말씀하셨습니다.

우리 부모님께서는 맞벌이를 하시기 때문에 특별히 다녀온 곳도 없는데,

'무얼 그릴까?'

'어떻게 그릴까?'

나는 하얀 크레파스를 쥔 채 고민만 하고 앉아 있었습니다. 그때였습니다. 예쁜 댕기 머리를 한 내 짝 지선이가,

"주훈아! 너 무얼 그릴 거니?"

"나는 어제 엄마, 아빠랑 에버랜드에 다녀온 걸 그릴 거다."

"주훈아! 무얼 그릴 거냐고."

지선이가 내 왼쪽 팔을 흔들며 다시 물었습니다.

"으응 나는……."

하고 말꼬리를 흐렸습니다. 사실 나는 그때까지만 해도 주제를 정하지 못했습니다.

"지선아! 나는 아빠, 엄마 얼굴을 그릴 거야."

"에헤, 그게 무슨 즐거운 일이니?"

"아니야, 나는 아빠, 엄마 얼굴을 보고 있을 때가 제일 행복하고 즐거워."

지선이는 내 말을 이해할 수 없다는 듯이 고개를 갸우뚱하였습니다.

지선이가 이해를 하든 말든 상관없이 나는 하얀 도화지 위에 그림을 그리기 시작했습니다. 자상하신 아버지 얼굴, 인자하신 어머니 얼굴을 그려 예쁘게 색칠한 다음 선생님이 앉아 계신 교탁 앞으로 나갔습니다. 그러나 내 그림을 보신 선생님께서 화를 버럭 내셨습니다.

"아니, 주훈아! 너는 반장이 되어 가지고 오늘 그림의 주제도 모른단 말이니?"

"선생님 죄송합니다. 주제는 알고 있었지만 저는 아빠, 엄마 얼굴을 보고 있는 일요일이 제일 즐거웠습니다."

"오오, 그랬었구나. 미안해, 선생님이 우리 주훈이 마음을 너무 몰라줘서."

"아니에요, 선생님."

하고 대답을 했지만 마음이 아팠습니다. 다른 친구들은 모두 서울

랜드, 롯데월드, 에버랜드 등등 온 가족이 함께 다녀온 놀이동산을 그렸는데 나만 왜 아빠, 엄마 얼굴을 그려야 했는지 지금도 잘 모르겠습니다.

하지만 나는 아빠, 엄마를 사랑합니다. 우리 아빠, 엄마도 주훈이를 이 세상에서 제일 사랑하고 있다는 사실을 나는 알고 있습니다. 그래서 나는 행복한 아이입니다. 미술 시간에 비록 놀이공원을 그리진 못했어도 지난 월요일 미술 시간은 내 기억에 영원히 남아 있을 것입니다.

아빠, 엄마 사랑해요.

— 第6회 수원예술제 한글 백일장 장원 작품.

인연

"학생! 저기 좀 봐. 집도 있고, 개울도 있지? 저기가 바로 내 고향이라우……."

하시며 기역 자로 꺾인 허리를 힘겹게 밀어 올리시던 할머니. 누가 볼세라 소매 끝으로 눈물을 훔치시던 그 모습이 잔상으로 남아 지워지지 않는다.

오두산 통일전망대는 아직 그 자리에 있었다. 여행 계획을 짜고, 짐을 꾸리고, 집을 나설 때의 설렘과는 달리 매표소 앞에 줄을 서면서부터 내 마음은 줄곧 침묵이다. 내가 처음 오두산 통일전망대를 찾았을 때는 초등학교 4학년 보이스카우트 단원으로 활동을 할 때였다. 그 후로, 가족과 함께 두 번을 더 다녀오고, 작년에는 처음으로 혼자서 그곳을 다녀왔다.

그랬다. 나는 분명 뭔가에 홀려 있었다. '도대체 그것이 뭘까?' 아무리 궁리해도 쉽게 풀리지 않던 것이 오늘 여기에 다시 서니 해답이 보였다. 바로 그 할머니의 안부가 궁금했던 것이다. 도대체 어디에 살고 계시는지 주소라도 좀 알아두었더라면 내 마음이 이렇게 무겁고 힘들지 않았을 것이다.

나는 버스를 타고 혼자 돌아오는 길에 인연이라는 낱말을 생각해 보았다. 우리가 이 세상에 태어난 이상 어떤 이유로든 많은 사람들과 인연을 맺으면서 살아가게 되어 있다. 부모님과의 만남, 친구들과의 만남, 선생님들과의 만남! 이런 만남은 태어나고 성장하는 과정을 거치면서 자연스럽게 맺어진 인연일 것이다.

그러나 도서관, 기차나 비행기 안, 영화관, PC방, 연주회장, 식당이나 관광지에서 옆자리에 앉은 사람과의 우연한 만남이야말로 진정한 인연일지도 모른다는 생각이 든다. 그렇지 않고서 어떻게 만나질 수 있겠는가. 게다가 대화까지 주고받았다면 그것은 정말 특별한 인연일 것이다.

그런 의미에서 그 할머니와 나는 정말 특별한 인연으로 만났던 것이다. 단지 그 인연을 오래 유지할 수 있는 능력이 내게 부족했던 탓으로 인해 지금은 그리운 얼굴로 잔상만 떠올리고 있지만 아무리 생각해도 대단한 인연인 것 같다. 그러니까 서로가 서로에게 한없이 낯선 사람들인데도 똑같은 장소에서 두 번씩이나 만날 수 있었던 것이다.

작은 키에 기역 자 허리, 인자한 목소리를 가지신 그 할머니가 오래도록 건강하셔서 꼭 고향 산천을 자유롭게 드나들 수 있는 통일의 그날이 왔으면 좋겠다.

오후 4시의 숲

성원아파트 단지를 빠져나와 벽산아파트 놀이터를 지나 오른쪽으로 포경사를 끼고 산으로 올랐다.

철제 계단 양쪽으로 높게 늘어선 이름 모를 풀들이 매미울음처럼 무성하다. 반바지 차림의 종아리를 바람인 양 스치는 풀들도 있다. 철제 계단이 끝나자 제법 큼지막한 나무 토막을 가로로 일정하게 박아서 만든 나무 계단이 나왔다.

작은 암자에서 들려오는 스님의 독경 소리가 나무 계단을 밟고 숲길 사이로 스멀스멀 기어든다.

첫 번째 언덕을 다 올라서자 나무 벤치 두 개가 나란히 자리하고 있다. 나는 벤치에 털썩 앉아 땀을 식혔다. 산바람이 싱그럽다. 벤치 바로 앞 풀밭에선 강아지풀이 초록빛 여름을 키우고 있다.

'이렇게 좋은 숲이 지척에 있다니.'

나는 이런저런 생각을 하며 정상을 향하여 걷다가 그동안 한 번도 오지 않았던 것이 아쉬웠다. 정상으로 오르는 길은 매미와 쓰르라미 그리고 이름을 알 수 없는 풀벌레들의 울음소리로 제법 소란스러웠다. 심심찮게 마주친 약수터 오가는 사람들의 발길이 자작나무 사이를 건너뛰는 오소리의 몸짓보다 가벼워 보인다.

정상에 오르자 벤치에 앉아 이야기꽃을 피운 사람들의 말소리가 웅웅웅 떠다니며 매미 울음보다 더 강렬한 산울림을 만들고 있다.

일요일 오후 4시의 숲은 한여름 더위도 아랑곳하지 않고 초록 물을 두두두 게워내고 있다.

담쟁이

어느 시인의 말처럼 담쟁이는 푸른 절망인지도 모르겠다. 그렇다. 푸른 절망이다. 그것은 곧 꿈을 향해 나아가는 아름다운 도전 정신의 상징이기 때문이다. 자신의 환경이 조금만 어렵거나 불리해지면 모든 걸 포기하고 달아나려는 인간의 무기력과 나약함을 꾸짖기라도 하듯이 담쟁이는 벽에 집을 짓는다. 실핏줄 같은 손가락을 딱딱한 벽돌 위에 한 땀 한 땀 박음질하듯이 정성을 기울인다. 그리고 오르는 일을 멈추지 않는다. 작열하는 태양을 기꺼이 받아 이고 담쟁이는 그렇게 푸른 희망을 높이 높이 쌓아간다. 성숙의 계단을 차곡차곡 딛고 앞으로 나아간다. 우리 인간들이 새로운 도전 앞에서 얼마나 많이 움츠러들고 또 얼마나 멀리 도망치려 하는지 담쟁이는 다 알고 있는 것이다.

나도 언제부턴가 교실 밖 세상이 낯설게 느껴졌다. 똑같은 교복을 입고, 똑같은 머리 모양을 하고, 똑같은 교과서를 가지고, 어제와 똑같은 교실에서, 똑같은 선생님께, 똑같은 친구들과 함께 수업을 듣고, 쉬는 시간이면 매점으로 우당탕탕 뛰어 내려가서 간식거리를 사먹고 또 다음 시간을 준비하면서 반복되는 학교생활이 오히려 즐거운 까닭도 모두 그 때문이 아니고 무엇이겠는가.

한숨 미풍에 일렁이는 담쟁이의 푸른 향긋함처럼 눈부시게 아름다운 시절엔 새벽 별빛 닮은 꿈 하나 가슴 가득 풀어놓자. 내일은 꿈꾸는 자의 몫이라고 하지 않던가. 푸른 이름 하나 뒤척이는 물살처럼 실팍하게 키우자. 눈웃음만으로도 탱탱하게 부풀어 오른 새벽, 그 언저리에 희망찬 미래의 꽃씨를 묻자. 걷는 자만이 앞으로 갈 수 있다. 밝은 빛으로 일제히 돋아난 새벽 정원에 꿈틀거린 소년의 이름을 툭, 툭 던져 놓자. 우리 이제는 그렇게 하자. 담쟁이 닮은 꿈을 꾸고 담쟁이 닮은 희망을 마시고 담쟁이 닮은 미래를 품고 살자.

하늘을 떠올려본다. 새벽 별과 밤의 달이 전부인 듯 차갑게 밀려온다. 태양이 쏙 빠져 버린 내 기억 속의 하늘은 푸른 절망을 안고 살아가는 담쟁이 같다. 여름을 가장 성숙하게 수놓은 담쟁이의 물결. 학교 담벼락을 따라 담쟁이들의 푸른 잎이 출렁거린다. 깡마른 여름에게 초록 옷 덧입히며 희망을 이야기한다. 나도 이제 담쟁이처럼 푸른 절망을 키워야겠다. 내 몫의 희망이 큰 나무로 우뚝 솟은 그날까지 최선을 다해야겠다.

틈

미국의 심장부인 뉴욕 워싱턴 등 주요 도시에 동시다발 테러 사태 발생에 대한 뉴스를 본 적이 있다. 하늘을 찌를 듯이 당당하고 위엄 있게 서 있던 세계무역센터(WTC) 쌍둥이 빌딩과 국방부 청사 일부가 맥없이 무너져 내린 현장은 폭발음과 화염 그리고 사람들의 회색 비명 소리가 먼지처럼 나부끼며 뒤범벅이 되었다. 한마디로 처참했다. 자타가 공인하는 세계 제일의 미국도 한순간에 쓰러질 수 있다는 사실에 적잖은 충격을 받았다. 빌딩은 흔적도 없이 사라지고 말았다. 형태 없이 뒤엉킨 철근 구조물 사이로 턱을 매단 미국의 자존심이 위태롭게 흔들리고 있었다.

사람들은 무엇을 얻기 위해 살아가는 것일까? 서로 미워하고 증오하면서 왜 저렇게 엄청난 사건이 터지게 만드는 것일까. 세계 최강을 고수해 오던 미국도 이렇듯 철벽 방어에 한계가 있었던 것이다. 나는 이번 사건을 통해 세상에 완벽한 것은 아무것도 없다는 걸 알았다.

아직도 잔존해 있는 지구상의 모든 테러범들을 규탄하는 마음으로 긴급 보도된 뉴스를 보면서 빌딩 안에 갇혀 영문도 모른 채 죽어간 사람들이 불쌍했다. 이유야 어쨌든 그런 끔찍한 일은 두 번 다시 일어나지 않았으면 좋겠다.

바코드

책상 옆구리에 바짝 기대어 곤히 잠든 책가방 깨워 새벽밥을 먹인다. 홀쭉했던 배가 금세 볼록하게 불거진다. 나는 손바닥으로 통통한 가방의 얼굴을 문질러 세수를 시킨 뒤 등에 업고 교실에 도착하면, 숨 가다듬을 새도 없이 가방 속부터 비운다. 집에서 차근차근 담아왔던 책들을 모조리 끄집어내서 책상 서랍에 넣어두고 시간마다 필요한 책을 꺼내보곤 한다. 그렇게 하루 수업을 마치고 집으로 돌아와서는 다시 가방 속의 물건들을 모두 쏟아낸다. 그리고 불필요한 것들은 접거나 구겨서 휴지통에 버린다. 이것은 날마다 반복되는 나의 가장 큰 일상 중의 하나이다. 하루 종일 내 뒤를 그림자처럼 졸졸 따라 다니며 몸속에 무거운 짐들을 시간과 장소에 따라 쏟기도 하고 담기도 하면서 주인의 관심을 듬뿍 받고 있는 가방이 가끔은 부럽기도 하다.

나도 가방처럼 터질 듯이 답답하고 무거운 생각들을 비웠다 채웠다 해 줄 수 있는 나의 주인이 어딘가에 있다면 좋겠다. 그러면 나는 가장 먼저 나를 지치게 만든 시간의 조바심을 덜어낼 것이다. 이것저것 복잡하고 어수선한 생각들로 빽빽하게 들어찬 내 머릿속이 조금이라도 가벼워질 수 있게 해 주고 싶다. 내가 가지고 있는 것 중에서 불필요한 것들은 미련 없이 버리고 나에게 꼭 필요한 것들만 요점 정리하듯 깔끔하게 간추려 저장해 두고 싶다. 그렇게 하면 어떤 일을 하더라도 그것을 찾기 위해 덤벙대거나 당황하지 않고 쉽게 해결할 수 있을 테니까 말이다. 시험기간에는 그날그날의 시간표에 맞춰서 책가방을 챙기듯이 나도 그날 볼 시험공부만 머릿속에 담아서 문제를 푼다면 한결 수월할 것 같은 생각이 든다.

나는 물건을 쉽게 망가뜨리는 버릇이 있다. 제품의 가격이나 품질에 상관없이 중학교 때까지만 해도 일 년이면 두세 개의 책가방을 고장내곤 했었다. 꼭 책가방뿐만이 아니었다. 신발주머니도 몇 개를 망가뜨리고 새로 샀는지 다 기억할 수 없을 정도이다. 거기에 실내화나 운동화도 다른 친구들보다 몇 배는 더 빨리 떨어졌다. 우산 또한 고장내서 버린 숫자가 만만치 않았다. 비 오는 날 아침이면 집에서는 언제나 새 우산을 쓰고 등교를 한다. 그러나 집에 돌아올 때는 엉망이 되어 있다. 우산 손잡이는 빠져 있고, 우산살은 휘어지고 부러져서 다시는 쓸 수 없을 지경으로 만들어 버리기 일쑤였다. 그럴 때마다 어머니께 야단도 맞고, 다음부터는 조심하겠다는 약속도 하곤 했었는데 잘 지키지 못했다. 그러자 어머니는 단념한 듯 세일 코너에서 우산을 한꺼번에 서너 개씩 구입하여 집 안에 비치해 두셨다. 그 이유는 어차피 한 번 이상은 쓸 수 없으니까 버려도 덜 아까운 우산을 사용하라는 것이었다. 약속을 어긴 대가였다.

앰피쓰리, 전자사전, 손목시계, 피엠피, 필통, 교복, 안경 기타 등등 정말 많은 물건들이 내 손에서 깨지고, 부서지고, 망가지고, 뜯어지고, 찢어지고, 터졌던 것이다. 그럴 때마다 가늘거나 굵은 반성의 바코드가 한 칸씩 늘어났다. 그리고는 나의 비밀을 하나도 놓치지 않고 자세하게 기록해 나갔다. 이미 끝나버린 문장 끝에 찍힌 새까만 마침표처럼 내가 함부로 써서 망가진 물건들의 이름을 입력하고, 무게를 달아서 몇 겹인지 모를 부산함을 체크하면서 진하고 굵은 바코드를 만들었던 것이다. 어떤 물건은 너무 덤벙대다 망가뜨리고, 어떤 물건은 호기심 때문에 분해해서 고장을 내곤 했었다. 지금까지 내가 걸어온 길을 바코드로 표시한다면 굵고 짧은 세로막대 모양일 것이다. 거기엔 잘한 일보다는 잘못한 일들이 더 많이 기록되어 있을 것이다. 지금 생각해도 이해가 잘 되지 않는다. 그때는 왜 그렇게 물건의 소중함을 몰랐었는지.

우리 인간에겐 망각이라는 것이 존재해서 어느 정도의 유효기간이 지난 일들은 기억에서 자동으로 지워지게 되어 있다고 한다. 그래서 자꾸 새로운 정보를 받아들여 머릿속에 집어넣게 된다는 것이다. 이때 새로운 정보에 밀려난 과거의 일들은 우리들의 기억에서 완전히 사라지는 것이 아니라 한쪽 뇌에 인간 바코드를 만들어 놓고 그것들을 지나온 시간의 순서대로 입력해 놓을 것이다. 그렇지 않고 우리가 어린 시절에 겪었던 일들을 어떤 방법으로 기억할 수 있겠는가.

나의 학생시절을 기억하고 읽어준 것은 바코드라고 생각한다. 그래서 내 개인의 역사를 나보다 더 정확하게 알고 있는 것이다. 지금까지 바코드는 물건의 표면에만 표식이 되어서 그 안에 들어 있는 내용물의 함량만을 재는 것인 줄 알았다. 그러나 지금 생각해보니 내가 걸어온 지난 시간들도 몇 줄의 바코드로 빠짐없이 기록되고 있었던 것이다. 그런데 이상한 것은 잘한 일보다는 잘못한 일을 더 많이 기억하고 있다는 것이다. 그것은 나에게 반성할 기회를 주는 것이라고 생각한다.

믿어지지 않겠지만 현재 나의 책가방은 일 년 남짓 사용하고 있다. 가족들은 기적이라고 한다. 내가 생각해도 신기한 일이다. 한 시간을 쓰지 못하고 고장내서 버리곤 했던 샤프 연필도 요즘은 일주일에 두 개면 충분하다. 진즉 이렇게 물건 아껴 쓸 줄 아는 습관을 익혔다면 더 좋았을 것이라는 생각에 피식 웃음이 새어나온다. 머릿속에 절약 정신이란 글자를 새겨 넣으며 나도 할 수 있다는 다짐을 해 본다. 이것은 어디까지나 스스로의 위안일 뿐이지만 앞으로는 멋진 모습만을 보여줄 것이다. 있는 사실을 숨김없이 기록해서 보여준 바코드는 너무 영리하니까.

3

얼음 무지개

텔레비전 화면 가득히 비춰진 그분의 모습은 더 이상 장애인이 아니었습니다. 세상 모든 이치를 초월한 듯 평화로워 보이는 그분의 일상을 지켜보면서 내 자신이 부끄러웠습니다. 마음속에 고운 무지개를 그려놓고 살아가는 그분의 모습이 오래도록 잔상으로 남아서 내 삶에 탱탱한 긴장을 줄 것만 같습니다.

비상구

5층 건물인 우리 학교는 중앙 현관을 중심으로 동편과 서편에 각각 출입문이 하나씩 있다. 그리고 중앙 현관에서 가까운 지하에 학교 식당이 자리 잡고 있다.

식당은 학년별로 시차를 두고 이용한다. 그럼에도 불구하고 식사시간이면 한꺼번에 몰려드는 학생들로 질서는 무너지기 일쑤다. 그런 일이 일어나서는 절대 안 되겠지만 혹시라도 학교에서 화재가 발생한다면 어떻게 해야 할지 상상만으로도 가슴이 먹먹하다. 식당처럼 많은 사람이 동시에 몰려든 장소에서 불이라도 난다면 그 피해는 상상을 초월할 것이다.

재난은 무엇보다 예방이 최선의 방법이라고 생각한다. 특히 비상구를 찾아 사고 현장 밖으로 무사히 탈출하는 일이야말로 무엇보다 우선되어야 할 것이다.

캄캄한 아수라장 속에서도 그 빛을 선명하게 드러내는 형광색을 이용하여 건물 내벽과 바닥에 비상구로 통하는 안내 표시를 해 둔다면, 화재 발생 시 비상구를 찾지 못해 우왕좌왕하다가 연기에 질식하여 고귀한 생명을 다치는 일은 없을 것이다. 그리고 평소 건물 유리창에 투명 시트지를 붙여 사용한다면 재난이 일어났을 때 날아드는 파편 조각의 피해로부터 조금은 자유로울 수 있을 것이다.

또한 각 개인은 언제 어디서 발생할지 모르는 화재에 대비하여 간단한 물티슈 한 장씩은 꼭 소지하고 다니는 것이 자신을 지키는 현명한 대처 방안 중 하나라고 생각한다. 아무리 하찮은 것일지라도 방심하지 않고 철저하게 대비했을 때 우리들의 안전도 보장받을 수 있다고 믿는다.

청소년 흡연

저는 오늘 청소년 흡연 문제의 심각성과 그에 따른 대처 방안을 위한 실마리를 풀어보고자 이 자리에 섰습니다. 미국 캘리포니아 의과 대학 교수인 위엔키(John K. Wienke) 박사는 그의 연구 논문에서 18세 이전에 담배를 피우면 유전 인자에 영구적인 변형이 생기므로 담배를 끊어도 암 발생 위험은 그대로 지속된다고 했습니다. 담배로 인한 암 발생의 위험은 얼마나 오래, 얼마나 많이 피웠는가보다는 얼마나 일찍 피우기 시작했는지가 중요하다고 밝혔습니다.

세계보건기구(World Health Organization)의 발표에 의하면 청소년기에 흡연을 시작하여 계속 흡연하는 사람은 25년의 수명이 단축되고 특히 15세 이전에 담배를 피우기 시작한 경우에는 폐암으로 인한 사망률이 비흡연자의 18.7%에 달한다고 했습니다. 흡연을 시작하는 연령이 낮을수록 수명 감소가 증가하며 담배를 피우는 사람은 피우지 않는 사람보다 사망률이 무려 2.5배가 높다고 합니다.

여러분! 얼마 전 인터넷 검색 순위 1위를 기록하며 네티즌들 사이에서 좀비로 통했던 브라이언 커티스를 기억하십니까. 그는 미국의 이름난 배우였지만 서른셋이라는 젊은 나이에 생을 마쳐야 했습니다. 그를 죽음의 늪으로 떠민 것은 폐암이었습니다. 열세 살 어린 나이에 단순한 호기심으로 시작한 흡연이 화려했던 그의 인생을 한 줄기 연기 속으로 무참히 날려버리고 말았습니다. 돈도, 명예도, 사랑하는 가족도 흡연 앞에선 속수무책이었습니다.

뿐만 아니라 최근 인도와 이집트에선 몸통이 발달하지 않은, 머리가 자신의 머리에 붙어 있는 '두개결합기생체' 라는 희귀한 상태로 몸 하나에 머리가 두 개인 아기가 태어나기도 했습니다. 신문에서 처음 그 기사를 읽었을 때 안쓰러운 생각보다는 섬뜩하고 무서웠습니다. 단순한 호기심에서 출발한 청소년 흡연은 종종 축복 받지 못한 생명을 탄생시키기도 합니다. 이렇듯 흡연은 곧 스스로를 죽이는 자살 행위이며 타인의 목숨과 행복까지도 짓밟는 범죄행위입니다.

여러분은 지금 어떤 미래를 꿈꾸고 계십니까? 정치인, 법조인, 경제인, 의사, 과학자 등등 수없이 많으리라 믿습니다. 눈을 지그시 감고 여러분이 꿈꾸고 있는 미래를 떠올려보십시오. 행복하지 않습니까? 눈부시게 찬란하지 않습니까? 이토록 아름답고 평화로운 세상 속에서 오래오래 머물고 싶지 않습니까? 그렇다면 담배와 절대 친구하지 마십시오.

이미 그 맛에 길들여졌다면 지금 당장 절교하십시오. 담배의 중독성은 일부 마약보다 더욱 강력한 것으로 알려져 있습니다. 10년, 20년 후의 행복과 불행은 지금 여러분들의 선택에 달렸습니다.

청소년들의 흡연 동기를 보면 첫째는 호기심 때문이요. 둘째는 친구와 어울리기 위해서라고 합니다. 우리 청소년들의 흡연 동기가 겨우 호기심이나 교우 관계 때문이라는 사실이 조금 실망스럽지 않습니까. 여러분! 우리들은 장차 이 나라의 미래를 짊어지고 나가야 할 의무가 있습니다. 그런 우리들이 백해무익한 흡연의 유혹에 빠져서 희망찬 미래를 망쳐서는 안 된다고 이 연사 피를 토하는 심정으로 강력히 주장합니다.

— 전국 학생 웅변대회 금상 수상 작품.

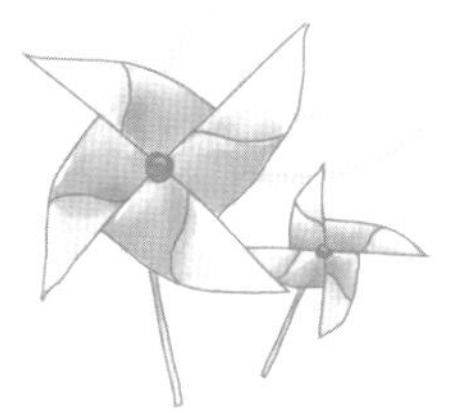

푸른 섬 독도

사랑한다는 것은 곧 관심의 표출이다. 그것은 또한 무엇인가에 깊이 빠져들어 울분과 통쾌함을 동시에 느낄 수 있는 아름다움의 상징이기도 하다. 그렇다. 나는 꼬박 180일을 책과 영상 속에서 우리의 땅, 우리의 섬, 우리의 희망인 독도와 수없이 많은 대화를 나누고, 수없이 많은 약속을 하며 지냈다. "뜻이 있는 곳에 길이 있다."는 속담 하나가 나의 온 마음을 사로잡았던 결코 싫지 않은 소중한 시간들이었다.

열일곱 해를 살아오면서 평소 독도에 대해 얼마만큼의 애착을 가졌느냐고 스스로에게 자문해 본다. 고백하기 부끄럽지만 나의 대답은 맹물보다 싱겁다. 그것은 일본 정부가 허튼 소리를 토해낼 때에만 피 끓는 분노를 퍼 올렸다가 금세 망각해 버리곤 했던 것이 전부였기 때문이다. 그러나 오랫동안 독도에 관한 자료를 찾아서 읽고, 보고, 느낀 후의 감정은 완전히 달라졌다. 내 안에 하얀 파도처럼 일렁이는 푸른 섬으로 독도를 영원토록 사랑해야만 할 의무감이 불끈 쥔 두 주먹에 굵은 힘줄을 선명하게 세웠다. 그냥 막연하게 독도 사랑을 외치고 흥분했던 때와는 많이 달라진 나를 발견할 수 있어서 참 행복하다.

문득, 우리의 가장 사랑스런 막내둥이 푸른 섬 독도를 60억 지구인들에게 알리고 싶다. 홍보 도우미가 되어 '정보의 바다'라 일컫는 각종 인터넷 사이트를 통해 이 세상 모든 어린이들과 청소년들의 마음 정원에 독도는 처음부터 우리나라 땅이었음을 거침없이 짚어 주리라. 그래서 일본은 독도와 애당초 아무런 상관 관계가 없었음을 확실하게 인식시켜 주고 싶다.

행정학적으로 대한민국 울릉군 울릉읍 독도리 산 1-37번지에 위치한 우리나라 최동단의 섬인 독도는 화산활동에 의해서 생성되었다는 것, 두 개의 섬인 동도와 서도로 구성되었다는 것, 등기부상 해양수산부의 재산으로 등재되어 있다는 현실까지 모두 꼼꼼하게 알려주고 싶다. 그리고 1982년 11월 16일 천연기념물 제336호로 지정 고시하였다가 1999년 12월 10일 천연보호구역으로 문화재 명칭이 변경된 독도에는 번행초, 갯까치수염, 박주가리, 명아주 등 유관식물과 애남생이 무당벌레, 애꽃노린재, 황록매미충 등의 곤충과 동박새, 황조롱이, 괭이갈매기, 바다제비 등 조류의 집단 서식지로서 천연의 생물상을 유지하고 있으며 해양생물로는 도루묵, 연어, 소라, 전복, 대구, 명태, 오징어 등이 풍부하게 서식하고 있는 지질상의 특수성과 학술적·유산적 가치가 뛰어난 섬이라는 사실 또한 마음껏 자랑하리라.

시작은 조금 미비할지라도 꾸준히 전 세계인의 마음속에 우리의 땅 독도를 알려 차근차근 내실을 다져나간다면 지난 2005년 3월 16일 일본의 시마네현 의회에서 '다케시마의 날' 조례를 통과시켰던 일본의 만행을 뿌리째 뽑아낼 수 있을 것이다. 또한 유엔 상임안보리 이사국 진출로 세계에 대한 지배력을 강화하여 자국의 위상을 높이려 혈안이 되어 있는 일본의 오만방자함을 영원히 잠재울 수 있으리라 확신한다. 그러면 지증왕 13년에 세워진 우리의 땅 독도를 일본이 다시는 집적거리거나 넘볼 수 없을 것이다.

역사적으로나 지리적으로 엄연히 우리 땅인 독도를 지키기 위해서는 정부와 국민의 꾸준한 연대의식과 끊임없는 노력이 필요하다고 생각한다. 정부에서는 평소에도 방송이나 언론매체를 통해서 독도에 관한 홍보를 꾸준히 하여서 국민들의 관심을 식지 않게 해야 할 것이다. 그러면 우리 국민들은 빗속에서 반짝하고 나타났다가 이내 모습을 감춰버린 번개로 대응하지 않고 한결같이 우리 곁을 지켜주는 공기와 같은 마음으로 독도를 사랑하게 될 것이다.

후손들에게 결코 부끄럽지 않는 역사의 유산을 물려주기 위한 방법이 있다면 그것은 독도를 향한 뜨거운 사랑과 관심이리라. 이제 더 이상 우두커니 손놓고 앉아 있다가 일본의 음모에 휘둘리는 어리석음을 범해선 안 될 것이다. 그들이 이따금 고함치며 달려들지라도 냉철함을 잃지 말자. 진정 우리가 경계해야 할 것은 그들이 아니라 우리들의 마음이라는 것을 기억하자. 미움과 원수는 맞은편에 있는 것이 아니고 내 마음속에 숨어 있는 경우가 더 많기 때문이다. 문득 4천만 국민들의 이름표를 만들어 독도에 깊이 꽂아두고 싶다.

— 제7회 독도 사랑 글짓기 대상 수상 작품.

바다 산책

여름 방학이 끝나갈 무렵 우리 가족은 화성시에 있는 궁평리로 해가 지는 일몰을 보러 갔다. 구름다리 건너 바다를 한눈에 볼 수 있도록 가꾸어진 솔숲으로 들어가니 많은 사람들이 있었다. 텐트를 쳐놓은 사람도 있고, 텐트 속에 돗자리를 깔고 누워 있는 사람도 있고, 바닷물에 몸을 풍덩 담그고 수영을 하는 사람들도 있다. 해가 지기까지 서너 시간은 더 기다려야 했으므로 우리 가족도 솔밭 그늘에 자리를 잡고 늦은 점심을 먹기 위해 야외용 테이블 위에 미리 챙겨온 음식들을 먹음직스럽게 차렸다.

"우와! 맛있겠다."

오후 2시가 넘어서 먹은 점심은 그야말로 꿀맛이었다. 아이스박스에 있는 시원한 청량음료까지 벌컥벌컥 마시고 나니 신선이 된 기분이었다.

"주훈아, 아빠랑 저기 방파제까지 갖다 올래?"

소화를 시키는 것도 중요했지만 오전 내내 방학 숙제를 하기 위해 미술 전시회장을 돌아다녀 다리도 아프고 피곤하여 귀찮았다. 그래도 아버지를 향해 손을 내밀었다.

그때 무심코 올려다본 서쪽 하늘이 바다를 향해 빨간 물감을 조금씩 풀어놓기 시작했다. 동쪽 하늘에서 서쪽 하늘까지 넘어오는 동안 힘이 다 빠졌는지 노을은 아주 느린 걸음으로 천천히 바닷물로 빠져들었다. 너무너무 아름다웠다. 언젠가 동해바다 정동진에서 보았던 해돋이와는 많이 달랐다. 아침 해가 바닷속을 빠져나올 때는 두 눈이 부시도록 찬란했는데 저녁노을이 바닷속으로 들어갈 땐 아름다우면서도 차분해 보였다.

"우와! 정말 예쁘다."

여기저기서 감탄사가 터져 나왔다. 해가 물속으로 스르르 잠수를 하자 사람들은 하나, 둘 바다를 떠났다.

"방학 기간에 다시 오기 힘드니까 우리 조금만 더 걷다 가자."

어머니가 말씀하셨다. 그래서 우리 가족은 바닷가 모래밭을 나란히 손잡고 걸었다. 아이스크림 껍데기, 라면 봉지, 찢어진 신문지, 휴지 조각들 그리고 펑크 난 튜브며, 신다 버린 슬리퍼까지 바닷가는 지저분했다. 방금 전까지 많은 사람들이 환호성을 지르며 추억을 만들고 떠난 곳이라는 사실이 믿어지지 않았다.

'바닷가는 원래 다 이러는 것인가?'

나는 순간적으로 정동진에서의 불쾌한 일들이 떠올랐다. 해돋이를 보기 위해 나들이 온 사람들이 함부로 버린 쓰레기도 문제였지만 해변가에 우후죽순 즐비해 있는 음식점에서 정화 처리도 거치지 않고 바다로 마구 쏟아낸 생활하수는 정말 큰 문제였다. 그래서 길이란 길은 질척거렸고 간이역에 설치된 화장실 역시 형편없기는 마찬가지였다. 내 기억 속의 정동진은 두 번 다시 가고 싶지 않은 곳으로 입력이 되어버렸다.

그런데 궁평리도 그곳과 사정이 비슷했다. 장사를 하는 사람들과 나들이 온 사람들의 썩은 양심이 해변 곳곳에 방치되어 있었다. 이제부터라도 스스로의 양심에 먹물 퉁기는 일은 하지 않았으면 좋겠다. 그 길만이 우리가 깨끗한 환경으로부터 외면당하지 않는 최선의 방법일 것이다.

눈이 부시도록 아름다운 해돋이처럼 눈이 시리도록 아름다운 노을처럼 우리들의 마음속에도 맑고 푸른 바다 하나씩 흘렀으면 좋겠다.

우리 겨레의 영원한 스승

— 『백범일지』를 읽고

내 책가방 속에는 오래된 『백범일지』 원본이 국어사전처럼 항상 들어 있다. 책 표지는 바래고 책장은 너덜너덜 해졌어도 우리 겨레의 가장 큰 스승 김구 선생의 혼은 시들지 않고 영원히 살아 내 가슴 깊은 곳에서 푸른 불씨로 되살아나곤 한다.

이 책은 오직 우리나라의 독립만을 소원했던 백범 김구 선생의 자서전이다. 험난한 항일 투쟁으로 죽음의 위협도 감수해야 했던 선생은 어린 두 아들 인(仁), 신(信)에게 유서를 쓰듯 삶에 대한 기록을 일지로 남겼다. 고국에 돌아와 이 책을 출판하리라고는 생각지도 못했다는 선생의 감회에 젖은 말씀은 언제 읽어도 애통한 울림이 되어 내 눈시울을 적시곤 한다. 그것은 아마도 왜놈이 아닌 동족의 총탄에 쓰러지셨기 때문이리라. 참으로 안타깝고 가슴 미어지는 일이 아닐 수 없다. 김구 선생을 향한 안두희의 선택, 그것은 어쩌면 우리 국민 모두의 마지막 배신이었을지도 모른다는 생각이 내 머릿속에서 좀처럼 지워지지 않는 건 무슨 까닭일까. 가슴이 시리고 아프다.

> "나라는 내 나라요, 남들의 나라가 아니다. 독립은 내가 하는 것이지 따로 어떤 사람이 하는 것이 아니다. 우리 민족 삼천만이 저마다 이 이치를 깨달아 이대로 행한다면 우리나라가 독립이 아니 될 수도 없고, 또 좋은 나라, 큰 나라로 이 나라를 보전하지 아니 할 수도 없는 것이다."

이는 김구 선생의 나라 사랑이 얼마나 깊고 절절하셨는지 잘 보여주는 대목이다. 나는 이 구절에 빨간 펜으로 밑줄을 선명하게 그어 놓았다. 그래서 내 꿈이 이정표를 잃고 흔들릴 때마다 서슴없이 펼쳐 보곤 한다. 그러면 어느새 흐트러진 생각들이 가닥을 찾아 제자리로 돌아와 앉는다.

그렇다. 사람은 누구를 막론하고 자신에게 주어진 길은 자기 스스로 걸어가야만 한다. 그것은 곧 자신의 미래는 자신이 선택하고 행한 대로 이루어지기 때문이다. 내 삶의 주체는 나 자신이며, 내 삶의 주인공 역시 나 자신일 뿐이다. 누구도 나를 대신해서 나의 미래를 개척해주진 않는다. 설령, 누군가의 힘을 얻어서 미래의 문을 열었다면 그것은 그 문을 여는 사람의 것이지, 내 것이 되지 못하는 것과 같다.

『백범일지』를 읽으면 읽을수록 애국하는 것이 결코 근사하고, 크고, 멀고, 원대한 곳에 숨어 있는 것이 아니란 것을 깨닫게 된다. 누구든 자신의 위치에서 맡은 일에 최선을 다하는 삶이야말로 가장 참다운 애국이 아닐까 싶다. 정치인은 정치인답게, 경제인은 경제인답게, 학자는 학자답게, 노동자는 노동자답게, 주부는 주부답게, 학생은 학생답게 자신의 본분을 망각하지 않는 것이 참된 애국이리라. 아주 작고 하찮은 것 하나하나에 혼을 불어넣고 정성을 쏟을 때 진정한 삶의 의미를 부여받을 수 있지 않겠는가. 이는 곧 사랑하는 마음과 책임감에서 비롯된 것이라 생각한다.

그렇다. 책임감 없이는 세상 어떤 것에도 도전장을 던질 수는 없다. 대한민국 사람이라면 우리나라에서 생산된 제품을 애용하고, 우리 땅에서 재배된 농수산물에 입맛이 길들게 하는 것 또한 사랑의 마음 없이는 불가능한 일이다. 그런 의미에서 나는 가장 작은 애국의 시작은 사랑하는 마음과 책임감에서 비롯된다는 사실을 믿어 의심치 않는다. 이는 김구 선생이 그토록 열망하셨던 대한의 완전한 자주독립의 기초를 다잡는 일이라 감히 단정 지어 본다. 우리의 조국을 완전한 자주독립국으로 건설하는 것은 미래의 한국을 당당하게 짊어지고 나갈 우리 세대의 몫임을 부정하지 않겠다. 그것은 곧 자신의 삶에 충실하고, 긍정적이고, 적극적이고, 진취적이고, 가치 있는 생각으로 높은 이상과 꿈을 향해 아낌없이 노력하는 우리 청소년들의 건강하고 당당한 정신문화에 기초한다는 것도 잊지 않을 것이다.

대한민국에서 태어나 한글을 깨친 사람이라면, 김구 선생의 호가 '백범(白凡)' 이란 걸 모르는 사람은 극히 드물 것이다. 그렇다면 이쯤에서 '백범(白凡)' 의 깊은 뜻을 짚어보리라. 그것은 '흰 호랑이' 를 뜻하는 것이 아니라, '범부와 백정' 을 가리키는 말로써, 백정이나 범부도 나처럼 독립운동을 할 수 있다는 선생의 깊고도 겸손한 가르침이 숨어 있다. 즉, 독립운동은 누구나 할 수 있고, 아주 작은 일에서부터 얼마든지 시작 할 수 있다는 것을 알려서 독립운동을 거국적으로 일으키려는 선생의 나라 사랑하신 마음이 애잔하게 녹아 있다 할 것이다. 내가 백범(白凡)의 깊은 뜻을 처음 알았을 때, 나도 모르게 두 주먹에 힘이 불끈 솟고, 두 눈은 충혈된 채 까닭 모를 눈물이 흘러

내렸다. 우리 겨레의 영원한 스승, 우리 겨레의 가장 빛나는 영웅, 우리 겨레의 가장 큰 별, 우리 겨레의 영원한 선구자 김구 선생. 아아, 이 세상 어느 위인이 이보다 더 훌륭하고 아름다울 수 있단 말인가.

김구 선생은 '나의 소원' 에서 "나는 우리나라가 세계에서 가장 아름다운 나라가 되기를 원한다. 가장 부강한 나라가 되기를 원하는 것은 아니다. 우리의 부력은 우리의 생활을 풍족히 할 만하고 우리의 강력은 남의 침략을 막을 만하면 족하다. 오직 한없이 가지고 싶은 것은 높은 문화의 힘이다. 문화의 힘은 우리 자신을 행복하게 하고 나아가서 남에게 행복을 줄 수 있기 때문이다."고 말씀하셨다. 이는 몇 번을 반복해서 읽어도 신나는 대목이다. 선생을 향한 존경의 마음이 절로 샘솟게 한다. 민족적 자부심으로 끊임없이 연구 노력한다면 인의와 자비와 사랑도 더불어 성숙하여서 우리의 문화는 세계에서 가장 아름답고 빛나는 이름을 갖게 되리라.

얼마 전, 광복 50주년을 맞이하여 남북 이산가족의 직접 상봉과 화상 상봉, 유명한 가수의 평양공연, 그리고 상암월드컵 경기장에서의 남북한 축구, 고위급 장관들의 정치 행보가 국민들의 커다란 관심 속에서 일사불란하게 이루어지지 않았던가. 참으로 감동적인 순간들이었다. 이는 곧 우리나라가 세계에서 가장 아름다운 나라가 되기 위한 첫걸음이라고 생각한다. 생각만으로도 가슴 뭉클하지 않는가. 먼 하늘나라에서 김구 선생의 힘찬 응원의 박수가 들리는 듯하다.

이제는 우리의 현실을 있는 그대로 받아들이고 읽어야 할 때이다. 불리하다고 해서 감추지 말 것이며, 유리하다고 해서 표 나게 드러내지 말 것이며, 서로서로 아끼고 협심하여야 할 때이다. 그리하여 김구 선생의 나라 사랑이 결코 허사가 되지 않도록 해야 할 것이다. 아울러 독립투사들의 헌신과 값진 희생에 보답하는 길은 무엇보다 미래의 한국을 짊어지고 나갈 우리 청소년들의 어깨가 힘차고 당당해야 하지 않을까. 그러기 위해서는 모든 일에 확고한 자신감과 소신을 가져야 할 것이다.

세계는 하루가 다르게 변하고 있다. 우리는 그 변화의 물결 속에서 얼마나 또 가슴앓이를 할 것인가. 준비 없이 들이닥치고 받아들인 낯선 문화들이 그 얼마였으며, 또한 얼마나 많은 날들을 방황케 했던가. 그러나 이제는 더 이상 휩쓸리지 않아도 될 것이다. 마음 다칠까 염려하지 않아도 될 것이다. 온몸으로 우리를 일깨워주신 겨레의 가장 큰 스승 백범 김구 선생의 생활과 사상을 마음에 품고 살아간다면 어떤 두려움도 존재하지 않을 것이다. 내가 읽고 느낀 『백범일지』는 한마디로 길을 잃고 방황하는 우리 겨레에게 나침반과 같은 것이었다.

우리 모두 선생의 큰 가르침을 바탕으로 삶의 희망의 불씨를 얻어나간다면 대한의 완전한 자주독립과 세계에서 가장 아름다운 나라를 만드는 데 결코 손색이 없을 것이라고 확신한다. 요즘처럼 나라 안팎이 시끄러울 때, 우리들이 가장 존중하고 섬겨야 할 위인을 딱 한 사람만 꼽으라면 나는 첫째도 백범 김구 선생이요, 둘째도 백범 김구 선생이요, 셋째도 백범 김구 선생이라고 큰 소리로 자신 있게 말하리라.

— 제8회 『백범일지』 독서감상문 쓰기 대회 입선 작품.

어긋난 플러그

인류 대대로 힘을 합쳐 머리 싸매고 궁리해도 좀처럼 풀기 어려운 숙제가 있다면 그것은 양성평등일 것이다. 양성평등이란 곧 남성과 여성이 평등하다는 뜻이다. 그렇다면 나는 여기에 강한 태클을 걸지 않을 수 없다. 내가 건 태클에 내가 넘어지는 한이 있더라도 한 번쯤 꼭 짚고 넘어가야 할 문제가 있기 때문이다.

남녀가 평등해지기 위해서는 무엇보다 생각의 깊은 우물을 파야 할 것이다. 이는 비단 어느 한쪽의 문제가 아니다. 이젠 솎아낼 것은 솎아내고, 걸러낼 것은 걸러내야 할 것이다. 우리들 몸속 피돌기를 타고 유유히 흐르는 이기적인 생각은 한 방울도 남김없이 청색의 리트머스시험지로 꼼꼼하게 걸러내야만 한다. 그렇지 않고는 제아무리 큰 목소리로 양성평등을 외치고 따진들 탁상공론에 지나지 않을 것이기 때문이다.

요즘 우리 사회의 가장 큰 이슈로 떠오르고 있는 호주제 폐지에 대해서 짚어보고자 한다. 나는 우선 호주제 폐지를 강력히 반대하는 입장이다. 옛 속담에 "사공이 많으면 배가 산으로 간다."는 말이 있다. 호주제는 전통적으로 유지되어야 한다. 그것은 호주제가 세계 최고를 자랑하는 우리의 유일하고도 소중한 문화유산이기 때문이다. 그런 맥락에서 호주제도는 꼭 존속되어야 한다는 것이 나의 주장이다. 물론 여기서 남성이 우월하고 여성이 열등하기 때문에 언제나 여성의 성은 무시되고 남성의 성은 존중시되는 것의 문제가 아님을 분명히 밝혀두고자 한다.

예로부터 우리나라는 동방예의지국이며, 단일민족이라 불려왔다. 그것의 의미를 곰곰 따져보면 혈통을 중시한 데서 비롯된 것이 틀림없는 사실이다. 이미 국회법을 통과하고 2008년 1월 1일부터 민법상 호주제가 폐지됨에 따라 지금까지 호주를 기준으로 관리해 오던 현행 호적법을 폐지하고 그 대안으로 국민 개인별 신분등록부를 갖게 된다고 한다. 즉 1인 1적제가 시행되면 현재 호주를 기준으로 통합 작성·관리해 오던 호적부 대신 국민 개별 신분등록부를 통해 출생과 혼인, 사망 등의 변동사항이 전산으로 기록·관리된다고 한다. 큰 걱정이 아닐 수 없다. 기존의 호적등본 대신 목적에 따라 '혼인증명용', '친양자 입양증명용', '가족증명용' 처럼 세분화된 등본을 발급받을 수 있다는 이야기다. 이는 곧 가족의 해체를 의미하는 것과 무엇이 다르겠는가.

그렇다면 내가 호주제도 폐지에 대해 반대한 이유를 크게 세 가지로 정리해보겠다.

첫째, 가족의 유대관계가 약화되고 개인주의가 만연하여 공동체

의식이 무너진다.

둘째, 이는 곧 가족의 해체를 유발시키는 주요 원인이 된다.

셋째, 사회가 혼란스럽고 자신의 뿌리를 찾기가 어렵다.

현행 우리나라 가족법을 보면, 아버지를 중심으로 한 가정의 울타리가 둘러쳐지고, 그 속에서 가족들은 서로의 존재를 확인하며 안정적인 삶을 살아가고 있다. 그렇기 때문에 가족이란 울타리 안에 소속된 '나' 는 개체인 내가 아니라 상하좌우를 연결하는 우리의 핵심 분자인 것이다. 이는 공동체 이론의 극치라 해도 과언이 아닐 것이다. 그러나 호주제도가 폐지된 후의 가족이란 이름은 낯선 제도 앞에서 중심을 잃고 흔들릴 게 뻔하다.

그렇다. 호주제 폐지는 공동체 의식에서 느끼는 책임감이나 신뢰를 찾아보기 어려워질 것이다. 역사는 축적되는 것이며, 한 나라의 문화는 축적된 역사에서 비롯된 산물이라 하지 않던가. 호주제 폐지는 어디까지나 위험천만한 발상이 아닐 수 없다. 성은 대립이 아닌 조화로움 속에서 발전하는 것이라고 생각한다.

개정된 가족법에서는 자녀가 아버지의 성을 따라도 좋고, 어머니의 성을 따라도 좋고, 아니면 부모의 성을 동시에 붙일 수도 있다고 한다. 그러면 한 부모 밑에서 다양한 성씨를 가진 자녀들이 집단으로 거주하게 되는 기현상이 벌어질 것이다. 그럼에도 불구하고 '호주제 폐지' 의 궁극적인 목적이 일과 육아와 가사에 시달리다 결국 이혼을 결정한 '싱글맘' 들을 위한 것이라면, 그것이야말로 건전한 가정을 파괴하고, 이혼을 장려하고 부추기는 것에 지나지 않고 무엇이겠는가.

나는 여기서 한 가지 의문점을 제시하고자 한다. 아주 작은 예로, 만일 두 자녀를 가진 여성이 이혼을 한 뒤에, 한 자녀는 전 남편이 키우고, 다른 한 자녀는 이혼한 여성이 책임진다는 약속 하에 합의 이혼을 했다고 가정해보자. 그러면 필요에 따라서 이혼한 여성이 데리고 간 자녀는 친아버지의 성을 버리고 어머니 혹은 새 아버지의 성을 사용할 수도 있다. 그렇다면 친남매가 결혼을 한다 해도 법적·제도적으로 크게 제재를 받지 않는 무분별한 관계 형성이 이루어질 게 불을 보듯 뻔한 이치가 아니겠는가.

국회가 제정하고 정부가 공포한 새로운 가족법은 인도적 인륜성을 모두 부정하는 생물학적 동물법에 불과하다 할 것이다. 이렇게 된다면 한 지붕 아래서 살아가는 가족 사이에서도 성씨로 인한 갈등이 수면 위로 떠오를 수도 있다. 부모의 성씨 중에서 자신이 원하는 쪽 부모의 성을 따른다고 했을 때 그게 무슨 한 가족이라고 말할 수 있겠는가. 호주제 폐지에 관해 찬성보다 반대하는 쪽이 훨씬 더 많은 것으로 알고 있다. 한 번쯤 깊이 생각해 봐야 할 문제라고 생각한다.

가부장제 사회에서는 남성이 모든 일의 기준이 되고, 남성이 어떤 일의 대표가 되었던 게 사실이다. 그러나 요즘은 여성들의 사회 활동이 활발해지면서, 남성들 못지않게 다방면에서 기준이 되고, 중심이 되어 활동하고 있는 것 또한 부정할 수 없는 사실이다. 이런 현상들은 결혼을 한 후에도 크게 변하지 않고 있다. 즉, 여성들의 사회 활동은 결혼 후에도 계속 영위되는 것이 현실이다. 이럴 경우, 바깥일과 집안일, 게다가 육아 문제까지 해결해야 하는 여성들이 방황하고 갈등하고 있는 것 또한 사실이다. 그 결과 저출산 문제가 또 하나의 이슈로 떠오르지 않았던가.

그렇다. 우리 사회의 모든 문제는 가정 내에서 출발하여 사회 전반으로 확산되어지고 있다. 여기에서 나는 잠시 남성과 여성에 대한 평등을 외치고 싶다. 함께 협력하지 않으면 금세 화목이 깨어지고 마는 곳이 가정이기라는 것을 남성들은 명심해야 할 것이다.

우리 부모님은 맞벌이를 하신다. 그래서인지 집안일은 아버지와 어머니께서 적절히 분담을 하신 편이다. 아니, 솔직히 고백하자면 아버지께서 더 많은 집안일을 하신 편이다. 그 단적인 예를 하나 들어 보겠다.

쓰레기 분리수거가 시행된 지도 꽤 많은 세월이 흘렀다. 그러나 어머니는 아직까지 단 한 차례도 집 안의 쓰레기를 분리해서 버린 적이 없으시다. 우리 아파트 쓰레기 분리수거 일이 언제인지조차도 모르신다. 뿐만 아니라 모든 음식물 쓰레기도 아버지가 처리하신다. 이는 누가 강요해서 그렇게 형성된 것이 아니라, 자연스럽게 이루어진 우리 가족만의 사랑법이라 할 수 있다. 언제 어느 때고 할 것 없이 조금이라도 덜 피곤하고, 조금이라도 덜 바쁜 사람이 밥도 짓고, 빨래도 하고, 청소도 하고, 시장도 본다. 그래서인지 양성평등이란 말에서, 특히 남성과 여성이 해야 할 일이 철저하게 구분돼 있다는 것에 대해서 분통을 터뜨리고, 분노하고, 결정적으로 이혼의 사유까지 된다는 여론 조사를 보고 새삼 놀라지 않을 수 없다.

이렇듯 거의 완벽에 가까운 가사 분담은 자발적인 마음에서 우러나는 것이라 확신한다. 사람은 누구에게나 잘하는 분야가 분명히 있다. 상대가 하고 싶은 일에 열중할 수 있도록 서로 배려하고 격려하면서 도와주는 길만이 양성평등을 앞당기는 길이라 생각한다.

가정은 작은 사회라고 했다. 가족의 구성원은 하나의 작은 집단이기 때문이다. 그것은 가장 작은 집단이면서 가장 중요한 일을 하는 곳이다. 아무리 훌륭한 건축물도 기초가 부실하면 언젠가는 무너지지 않던가. 이혼율이 늘고 가정이 혼란스러운 경지에 이른 것도 엄밀히 따져 보면, 상대를 하나의 인격체로 존중하지 못한 마음에서 출발했을 것이다. 우리 사회도 그와 마찬가지다. 가장 기초 집단인 가정에서 가족들 간의 화합 없이 갈등만 있다면 온전한 사회가 되기 힘들 것이다.

양성평등이란 곧 온전한 인격체를 상징하는 것이리라. 누가 누구를 위해서 희생하고, 누가 누구를 제 몸의 부속품인 양 일방적으로 제어할 수 있다는 생각은 절대 오산이다. 날이 갈수록 여성들의 목소리가 커지고 있는 게 사실이다. 그렇다고 양성평등지수는 커진 목소리에 비례하지 못한 것이 우리의 현실이기도 하다. 이제 남녀평등을 지향하는 법적, 제도적 변화가 실질적 효과를 이끌어낼 수 있도록 가다듬고, 형식적 평등이 실질적 평등으로 일상생활에 뿌리내리게끔 하는 노력이 절실히 필요하다. 그것은 곧 양성평등지수에 초점을 맞추어 새로운 시너지를 창출해 내는 것이라 생각한다.

호주제가 폐지되면 어느 가정을 막론하고 가계가 단절되고 대가 끊길 게 뻔하다. 그렇게 되면 뿌리까지 없어져 자기가 태어난 흔적조차 찾을 길이 없게 될 것이다. 조상이나 족보, 그리고 일가친척이란 말조차 사라져 버리고 결국에는 국가의 기틀마저 무너지고 말 것이다. 헌법재판소에서는 2005년 2월 3일 호주제가 헌법상 양성평등의 원칙 및 개인 존엄에 위배된다는 위헌 결정을 내렸고, 2005년 3월 2일 호주제 폐지의 내용을 골자로 한 민법개정안이 국회 본회의를 통과함으로써 호주제가 폐지된 지경에 이르렀다. 새 민법은 2008년 1월 1일부터 시행된다고 한다. 이제는 우리의 판단이 이 사회의 바람직한 변화를 창출해 나갈 때라는 것을 우리 국민이 뜨겁게 인지하고 반만년 지켜져 내려온 전통적 가족법을 어찌 그리 쉽게 바꿀 수 있는가에 대해서 다시 한 번 짚고 넘어가야 할 것이다. 지금도 늦지 않았다.

얼음 무지개

도무지 믿기 힘든 불가사의한 몇 편의 이야기가 짤막한 파노라마로 방송된 〈세상에 이런 일이〉 프로그램을 시청했습니다. 그 중에서 내 호기심을 잔뜩 긴장시키며 텔레비전 앞에서 꼼짝 못하게 했던 사연 하나를 소개해 보겠습니다.

사연의 주인공은 화순에 살고 있는 예순 한 살의 지체장애 2급 장애인입니다. 젊은 시절 월남참전용사를 다녀올 정도로 건장한 청년이었던 그분에게 불행이 찾아든 것은 스물일곱 살이 되던 해에 몸담고 있던 탄광의 갱이 무너지는 사고로 허리 척추를 다쳐서 하반신 마비가 되었다고 합니다.

그분의 직업은 한없이 부지런하고 성실한 농사꾼이었습니다. 땅바닥에 철퍼덕 주저앉아서 밭을 일구고, 산에서 땔감을 구하고 게다가 손수 경운기 운전까지 하였습니다. 뿐만 아니라, 치매에 걸리신 86세의 노부를 극진히 봉양하며 아름답게 살아가고 있었습니다.

텔레비전 화면 가득히 비춰진 그분의 모습은 더 이상 장애인이 아니었습니다. 세상 모든 이치를 초월한 듯 평화로워 보이는 그분의 일상을 지켜보면서 내 자신이 부끄러웠습니다.

내가 공부하는 데 조금이라도 지장이 있을까봐, 우리 부모님께서는 바로 학교 근처로 이사까지 하시면서 나의 학교생활을 격려해 주셨습니다. 그런데도 나의 성적표는 언제나 부모님의 기대에 미치지 못하였습니다. 성적이 오르지 않으면 더 많은 노력을 해야 한다는 걸 잘 알면서도 실천할 생각은 하지 않고 조금만 피곤해도 참지 못하고 게으름을 피웠던 나의 생활이 한심하게 느껴졌습니다. 그리고 어떤 일이 마음대로 풀리지 않을 때마다 부모님께 투정부리곤 했던 기억들도 많이 반성하게 되었습니다.

텔레비전을 보면서 이렇게 큰 감동을 받고, 나의 게으른 생활 태도까지 바꿔야겠다고 스스로를 가다듬어 본 적은 처음이었습니다. 그분의 적극적이고, 긍정적이고, 아름다운 일상은 한량없이 게으른 내 생활에 따끔한 일침을 놓아주었습니다. 그래서인지, 방송이 모두 끝난 후에도 오랫동안 마음이 흐뭇하고 설렜습니다.

뭔가 아주 근사한 선물을 받은 것처럼 기분이 좋았습니다. 보통 사람들보다 조금 불편한 몸을 가졌다고 해서 장애인이라 명명하는 것 자체가 사회적 편견일지도 모른다는 생각이 들었습니다.

지체장애인보다 정신적 장애를 가진 사람들이 훨씬 많은 게 현실이라고 생각합니다. 자신의 주장만이 옳고, 자신의 언어가 곧 법이라고 큰소리치며 억지 부리는 사람들이야말로 가장 큰 장애의 올가미에 갇힌 진짜 장애인이 아닐까요. 장애란 어차피 객관적일 수 없고 지극히 개인적인 일이라고 생각합니다. 그러므로 세상의 잣대로 잴 수 없는 것이 장애인들의 삶일 것입니다.

마음속에 고운 무지개를 그려놓고 살아가는 그분의 모습이 오래도록 잔상으로 남아서 내 삶에 탱탱한 긴장을 줄 것만 같습니다. 그런 좋은 예감을 안고 텔레비전 채널을 돌렸습니다.

봄의 왈츠

추억 한 페이지 스케치한다. 완연한 봄이다. 4월의 향기가 지상 최대의 축제를 열고 있다. 눈을 돌려 어딜 봐도 꽃들의 잔치다. 개나리, 산수유, 목련, 벚꽃, 진달래까지 내 눈을 시리게 한다. 하지만 그들과 눈을 맞추고 서서 마냥 예쁘고, 아름답다는 말로 극찬만 하기에 미안한 생각이 드는 건 왜일까?

나는 얼마 전까지 천천주공 아파트에서 살았다. 겨우 5층 높이의 키밖에 되지 않은 난쟁이 아파트다. 일반 주택과 주공 아파트와 초등학교 하나와 논밭이 전부인 도심 속의 전원 같은 마을이다. 봄·가을이면 연례행사처럼 이어지는 꽃놀이나 단풍놀이를 일부러 가지 않아도 될 만큼 꽃나무와 단풍나무가 많은 동네다. 실내는 좁고, 낡고, 오래 되어서 현대식 아파트와 비교한다면 형편없이 초라하고 볼품없는 것이 사실이다. 하지만 꽃향기처럼 솔솔 묻어나는 정이 있고, 사람 사는 냄새가 나고 십여 년 동안 내 영혼의 살을 찌워진 곳이다. 그런 그곳이 얼마 전에 재건축이라는 이름으로 폭삭 주저 앉아야 했다. 조금 오래되긴 했어도 아직은 너무나 멀쩡한 아파트였는데 말이다.

우리나라 곳곳에 불고 있는 건축개발의 붐은 이렇게 살기 좋은 아파트의 환경을 못 본 척 가만 두지는 않았다. 불과 몇 년 사이에 논이란 논은 모조리 꿀꺽꿀꺽 삼켜 버리고, 온갖 소음과 공해로 삭막하기 이를 데 없는 곳이 되어버렸다.

아직도 여기저기서 공사가 한창이다. 하늘을 찌를 듯이 높게 솟은 아파트에 이미 입주를 마친 곳도 있다. 다양한 이름을 가진 아파트들이 길 양편을 가르고 서 있다.

예전의 이맘땐 길 양편으로 노란 개나리 꽃잎이 흐드러졌었다. 방실방실 웃으며 오가는 사람들을 제일 먼저 마중 나왔고, 제일 먼 곳까지 배웅해 주었다. 하지만 이제 그 꽃길은 사라지고 없다. 마른 웃음 억지로 흘리고 서 있는 키가 큰 아파트와 바위처럼 커다란 돌덩이를 쌓아 만든 담벼락만이 그 자리를 대신하고 있을 뿐이다.

물이 맑고 풍부해서 붙여진 이름 천천동. 화서역에서 인천 방향으로 직진하다 처음 나온 삼거리에서 우회전하여 들어오면 천천교라는 다리 하나가 있다. 다리 아래로 작은 실개천이 흐른다. 아버지가 어렸을 적에 붕어와 피라미를 잡고 멱을 감으며 놀았던 물이라는 사실이 도저히 믿어지지 않을 만큼 검고, 탁하고, 악취가 주인처럼 버티고 흐르는 까만 물이다. 그래서 나는 아버지의 말씀에 한 번도 귀 기울이지 않았다. 아니, 인정하지 않았다. 내가 보고 자란 물은 모두 거무죽죽한 이끼를 이불처럼 덮고 있는 새까만 물이었으니까 말이다.

'세상이 변했는데 어른들은 왜 자꾸 옛날만 추억하고 그리워하나?' 하면서 아버지 마음을 이해하려 들지 않았다. 그러나 이제 조금은 알

것 같다. 희미한 그림자처럼 어렴풋하게나마 아버지가 물고기 잡고, 물놀이하며 어린 시절을 보내셨다는 그곳의 풍경이 내 눈앞에 보이는 듯하다. 손을 뻗으면 금세 그 아름다운 모습이 잡힐 듯이 가깝게 느껴진다.

그 다리를 건널 때마다 전설 같은 옛 추억을 잊지 않고 전해주곤 하셨던 아버지의 깊은 마음을 이제 조금은 알 것 같다. 어린아이의 웃음소리처럼 청아하고 때 묻지 않는 추억, 순수하고 소중했던 옛날을 하나뿐인 아들에게 꼭 선물해주고 싶으셨던 것이다. 언제부턴가 아버지의 기억 언저리를 아프게 후빈 실개천은 더 이상 아버지의 추억이 아니었다. 지금은 되돌아 갈 수 없는 그때의 아름다운 시절을 아들에게 마음으로나마 실컷 전해주고 싶으셨던 것이다.

지난 일요일이었다. 군포에 사는 친구 현빈이가 우리 집에 놀러왔다. 개나리꽃이 흐드러지게 피어서 반겨 주곤 했던 아파트 진입로를 지나칠 때 난 친구에게 몇 번이고 반복해서 설명해 주지 않았던가. 아버지가 나에게 하셨던 것처럼 말이다.

"옛날엔 얼마나 많은 개나리꽃이 피었는지 아니?"

"으-응."

현빈이의 시큰둥한 대답에 난 무척 속상했다. 변화하기 전의 이야기들을 전설처럼 하나하나 들려주고 싶었는데 별 반응이 없었다. 그런데도 노란 개나리 꽃잎이 그림처럼 서서 반겨주곤 했던 길을 끝까지 설명해 주고는 숨죽여 눈물을 훔쳤던 이유는 무엇 때문이었을까? 그것은 아마도 안타까움이었을 것이다. 놓치고 싶지 않은 마음, 잃어버리고 싶지 않은 환경들… 자연 그대로를 보고, 느끼며, 후손 대대로 물려주었으면 하는 간절한 마음의 희망이었을 것이다.

개발만이 최선의 길은 아니라고 생각한다. 지킬 건 지키고, 보존할 건 보존하고, 물려주어야 할 건 대대로 물려주어야 할 것이다. 맑은 물이 푸릇푸릇 소리 내며 흘렀다는 실개천의 과거를 아버지의 말씀으로만 들어서는 알 수 없듯이, 개나리꽃이 만발했던 길을 내가 아무리 설명해 주어도 친구가 이해할 수 없듯이 어정쩡한 개발은 싫다.

이 땅의 주인은 너와 내가 아닌 우리의 후손들이다. 그들에게 더 이상 슬픈 전설 같은 추억을 물려주어서는 안 될 것이다. 그들의 허락 없이 나무 한 그루, 돌멩이 하나, 실개천 한 곳이라도 소홀히 방치해서는 안 될 것이다. 지금부터라도 포크레인 소리보다 새소리를 더 많이 들을 수 있도록 해야 할 것이다. 그러기 위해서는 우리 모두 좀 더 당당하고, 당차고, 당돌하고 솔직한 환경 지킴이가 되어야 한다. 건조하고 바짝 마른 환경 속에 우리의 미래를 방치할 순 없는 일이다.

— 제4회 환경 사랑 백일장 입선 작품.

내 마음의 풍금

— 자원봉사 일기

2006년 11월 24일 금요일.

서둘러 세팅을 마치고 요양원으로 올라갔다. 거동이 불편하신 할머니, 할아버지를 모시고 내려와 자리에 앉혀드리는 일을 하였다. 몸이 불편하여 보조 기구에 의존하신 할머니가 한 분 계신다. 그 할머니는 참 겁이 많으시다. 의자에 잘 앉혀드렸는데도 자꾸 물어보신다.

"학생, 나 안 떨어져? 학생, 나 잘 앉았어?"

등등 계속하여 물음표를 던지신다. 그럴 때마다 나는 안심시켜드리기 위해서 할머니의 자세를 다시 한 번 야무지게 추슬러드린다. 오늘도 여전히 그 일을 서너 번 반복하고 막 돌아서려는데, 내 등 뒤에 대고,

"학생, 이거 먹을래?"

하신다. 무심코 돌아다보았다. 할머니는 오른쪽 바지 주머니에서 오징어 땅콩볼 한 개를 꺼내서 내게 주셨다. 오후에 간식으로 나온

것을 하나 아껴 두었다고 하신다.

"할머니, 정말로 이거 제가 먹어도 돼요?"

"으응! 먹어도 돼, 어서 먹어!"

"할머니, 고맙습니다."

라고 대답한 뒤에 과자를 받아들었다. 그리고 다시 할머니 귀 가까이 대고,

"할머니, 이 과자는 이제 제 것입니다. 그러니 제가 할머니께 드리는 겁니다. 이따 잡수세요."

할머니의 오른쪽 바지 주머니 속 깊이 오징어 땅콩볼 한 개를 넣어드리고 돌아서는데 코끝이 찡하게 아려왔다. 할머니는 당신이 가지고 계신 것 중에서 제일 맛있는 것을 나에게 주고 싶으셨던 것이다. 한 마디 한 마디 힘겹게 밀어내시는 할머니의 말씀 속에서 욕심 없이 살아가는 법을 배운 오늘도 감사한 하루였다.

2006년 12월 1일 금요일.

오른쪽 팔을 쓰지 못하신 할아버지의 저녁 식사 도우미가 되어드렸다. 숟가락에 밥을 떠서 홍합이 들어 있는 미역국에 적셔 드렸더니 맛있게 잡수셨다. 식사 후에는 할아버지가 쓰시는 방으로 모시고 가 휠체어에서 침대로 자리를 옮겨드렸다. 아직은 내가 요령이나 기술이 부족해서 힘이 들었다. 서툴지만 할아버지를 도와 드리고 나올 때면 할아버지는 정확하지 않는 발음으로 고맙다는 말씀을 전하곤 하신다. 나는 고개를 푹 숙여서 인사로 답한다.

서로 다른 사람들끼리, 마음이 통한다는 것은 축복 받은 일이라고 생각한다. 시험기간이 임박해서 이틀을 거르고 봉사 활동을 갔더니 할아버지, 할머니께서 야단이시다. 나를 기다리셨단다. 왜냐고 묻는 내게 보고 싶어서 그랬다고 하신다. 나도 마찬가지로 할아버지, 할머

니들의 안부가 궁금했다며 손을 한 번씩 잡아드렸다. 세상에 나처럼 많은 할아버지, 할머니를 둔 아이가 몇이나 될까. 나는 참 운이 좋은 아이다. 어깨가 으쓱해진다.

2006년 12월 17일 일요일.

눈이 정말 많이 내렸다. 새벽 봉사를 가기 위해서 일찌감치 잠을 털어 내야 했다. 습관대로 유리창을 내다보았다. 안개가 낀 것처럼 창밖이 온통 뿌옇다. 가까이 가서 보니 함박눈이 펑펑 내리고 있었다. 벌써 많은 눈이 쌓여 있는 걸로 보아 밤새 내린 모양이다.

예전에는 눈이 많이 쌓여 있는 걸 보면 기분이 좋았다. 이유는 모르겠지만 그냥 마음이 설레였던 것이다. 하지만 오늘 새벽에 내린 눈을 보면서 걱정이 되었다. 나를 친손자처럼 반겨주시는 할아버지, 할머니들이 계시는 양로원으로 봉사를 가지 못하면 어쩌나? 하고 마음을 졸였다.

아빠, 엄마와 함께 새벽 다섯 시에 집을 나섰다. 상공회의소 앞에서 택시를 잡기 위해 펑펑 쏟아져 내리는 눈을 다 맞아야 했다. 그렇게 30여 분을 족히 기다려도 택시는 오지 않았다. 하는 수 없이 아빠가 아파트 주차장으로 가셔서 15년 된 늙은 프린스를 조심스럽게 끌고 나오셨다. 거리의 차들이 거북이걸음을 한다. 스노타이어를 채우지 않고 아빠 차도 조심조심 양로원을 향해 갔다.

평소 같으면 30여 분 정도 걸릴 거리를 1시간이 넘도록 더디더디 갔다. 우리 가족이 양로원에 도착했을 땐, 꽤 많은 시간이 지난 뒤였다. 아침 식사도 끝나고 식당 안은 벌써 전깃불도 내려져 있었다. 우리 가족은 식당, 로비, 4층 할아버지들이 생활하시는 방을 차례로 청소하였다. 아빠는 청소기를 돌리고, 엄마와 누나는 방바닥을 닦고, 나는 창틀과 장롱을 닦았다. 화장실 청소를 할 때는 락스 냄새 때문에 코피가 나긴 했지만 세면대, 변기, 거울, 바닥, 벽까지 말끔하게 싹싹 닦고 나니 내 마음에 낀 때가 떨어져 나간 것처럼 개운했다.

매주 하는 가족 봉사이지만 오늘은 유난히 보람 있었다. 자원 봉사를 마치고 돌아온 집 안에서 행운목 꽃향기가 그윽한 손길로 우리 가족을 반겨주었다.

내가 본 제주도 이야기

2006년 6월 15일 목요일, 새벽 3시에 눈을 떴습니다. 커튼을 걷고 창문 밖으로 무심코 시선을 던졌습니다.

저만치 팔달산 정상에 위치한 서장대의 불빛이 밝습니다. 지난밤 늦은 시간까지 주룩주룩 그칠 줄 모르고 쏟아지던 빗소리도 감쪽같이 뚝 그치고 하늘엔 별빛이 한창입니다.

'휴우—.'

나도 모르게 긴 한숨을 내뱉으며 눈썹 끝에 매달린 잠을 서둘러 털어 냅니다.

수원종합운동장으로 삼삼오오 모여든 친구들이 어느새 긴 줄을 만들었습니다. 5시 50분, 반별 인원 체크가 끝나고 우리 반이 탄 1호차를 선두로 11대의 관광버스가 김포공항을 향해 출발하였습니다. 3박 4일 동안의 수학여행은 아침 7시 25분 제주행 비행기가 이륙하면서 그 설렘의 문을 거침없이 열었습니다.

속도 붙은 비행기가 활주로를 미끄러지듯 달릴 때 에버랜드에서 타본 청룡열차의 추억을 불러내며 온몸이 뒤로 확 쏠렸다가 앞으로 팍 기울어졌습니다. 비행기 아래로 깔린 운해가 장관이었습니다. 내 무거운 몸을 싣고도 구름 위를 사뿐히 날던 비행기가 8시 40분 제주공항에 착륙했습니다.

기상청 예보와는 달리 제주의 날씨는 유월의 신록처럼 푸르렀습니다. 그 눈부신 푸름을 온몸으로 받으며 제일 먼저 찾아간 곳은 용두암입니다. 용두암은 공항에서 가까운 제주시 용담1동에 위치하고 있습니다. 하늘을 향해 우뚝 솟아 있는 용두암은 제주도의 대표적인 자연 관광지 중의 하나라고 합니다.

용암 분출 당시에 지금의 모습으로 굳어졌다는 용두암은 그 높이가 무려 30미터이고 길이는 10미터에 이른 거대한 기암형석으로 이루어졌습니다. 보는 위치와 각도에 따라 그 모양새가 다양하게 바뀐 것이 마냥 신비로웠습니다.

'이무기 한 마리가 한라산의 옥구슬을 훔쳐서 달아나다가 산신령의 화살에 맞아 몸은 바닷속에 잠기고 머리는 하늘을 향한 채 죽었다.' 고 전해 내려온 전설이 자꾸만 내 호기심을 팽창시켰습니다.

용머리를 닮았다는 현무암 주변에 수많은 음식점과 초현대식 숙박시설들이 거대한 괴물처럼 자리 잡고 있었습니다. 그런 것들로 인하여 파도의 모양과 해안선의 모양, 그리고 조류의 방향이 변했다는 가이드의 설명을 들으면서 안타까운 생각을 했습니다.

날아오를 듯 위엄 있게 솟은 용두암이 언제까지나 자연미를 잃지 않았으면 좋겠다는 바람을 가지면서 한림공원으로 발길을 돌렸습니다.

한림공원은 제주도 북제주군 한림읍에 위치하고 있습니다. 하늘을 찌를 듯이 우뚝우뚝 서 있는 야자수 길을 지나칠 때 기분이 정말 좋았습니다. 신비롭고 경이로운 느낌으로 이국적 정취를 물씬 풍긴 그

곳은 열대식물온실, 야자수정원, 관엽식물원, 플라워가든, 제주산야초원, 선인장원 등 다양한 식물군의 테마 정원으로 구성되어 있습니다.

사방이 꽃과 나무들의 천국입니다. 환상적인 수목들이 한 폭의 싱그러운 그림처럼 쫙 펼쳐져 있습니다. 그 이름을 다 헤아릴 수 없이 많은 꽃과 수목들로 빽빽이 채워진 한림공원은 지금 생각해도 기분이 상쾌해집니다. 한 발 한 발 옮길 때마다 감탄사가 쉴 새 없이 입술을 밀고 새어 나옵니다.

다시 생각해도 가슴이 두근거립니다.

교실 안에서 오래 찌들었던 몸과 마음을 모조리 꺼내어 콸콸 헹구고 나니 기분이 한결 상쾌해졌습니다. 어디선가 그곳의 아름다움을 위해 애쓴 이름 모를 조경사의 숨결이 들리는 듯 했습니다.

점심을 한정식으로 맛있게 먹고 그 유명한 주상절리를 시작으로 오후 관광 길에 올랐습니다. 날씨는 여전히 쾌청했습니다.

화산 폭발 때 용암이 굳는 속도에 따라 사각형, 오각형, 육각형 등 다면체 돌기둥으로 나타난 주상절리는 서귀포시 중문에 자리 잡고 있었습니다. 주상절리의 기묘한 모습은 신이 만든 비경이라 불러도 손색이 없을 것 같다고 생각했습니다. 하얀 포말을 만들며 거침없이 일렁이는 파도가 다리 난간까지 밀려와서 검은 돌기둥을 철썩 치고 물보라로 흩어지는 광경을 지켜보고 있으면 답답했던 마음이 탁 트이는 것 같았습니다.

벌집 닮은 주상절리를 보면서 문득 가족들의 얼굴이 떠올랐습니다. 언제 기회를 만들어서 가족과 함께 다시 한 번 찾아오겠다고 먼 바다 수평선과 약속했습니다.

제주도는 어느 한 곳도 그냥 지나칠 수가 없습니다. 하나하나 알아갈수록 신비로움의 깊이가 더했습니다.

서귀포시 대포동에 위치한 약천사는 조선 초기 불교 건축 양식으로 단일 사찰로서는 동양 최대 규모를 자랑한다고 합니다. 법당 내부 정면에는 비로자나불이 좌대 위에 안치되어 있고 양쪽 벽에는 커다란 탱화가 양각으로 조각되어 있습니다. 그리고 법당 앞 종각에 걸려 있는 무게 18톤의 범종도 인상적이었습니다. 제주를 찾는 관광객들은 자신의 종교와 상관없이 이곳에 들러 소원을 빈다고 합니다. 나도 좋은 대학에 갈 수 있게 해 달라고 마음속으로 빌었습니다.

약 15만 년 전 화산이 폭발하여 용암이 섬의 모습을 바꿔 놓을 때 생성된 외돌개는 삼매봉 해안가에 우뚝 서 있었습니다. 여전히 내 발길을 붙잡았습니다.

천지연폭포는 서귀포시 천지동에 위치하고 있습니다. 그 이름 만큼이나 당당하고 빼어난 천지연폭포는 기암절벽이 하늘 높이 치솟아 마치 선계로 들어온 것 같은 황홀경을 느끼게 했습니다. 기암절벽이 절경을 이루며 아열대성 상록수가 우거져 울창한 숲을 이루고 있는 천지연계곡 안에 자리 잡고 있었습니다.

이 일대는 천연보호구역으로 지정되어 일체의 식물채집·벌목·야생동물포획 등이 금지되고 있습니다. 천연기념물 제163호인 서귀포 담팔수나무 자생지를 비롯해 수실잣밤나무·송엽란·가시딸기·산유자나무·백량금·산호수 등 희귀식물이 천연기념물로 지정되어 있는 탓인지 신비로움이 어느 관광지보다 더했습니다. 이렇게 신비로운 곳에서 하필이면 카메라의 배터리가 떨어져 경이로운 모습을 담아오지 못한 것이 내내 아쉬움으로 남았습니다.

산방산과 용머리 해안 관람을 무사히 마치고 드디어 숙소인 휘트니스타운으로 이동해서 객실 배정을 받았습니다. 그리고 오후 6시에 저녁을 먹고 8시부터 10시까지 강당에 모여서 레크리에이션을 하였습니다. 그리고 늦은 밤에 곤한 잠을 청했습니다.

6월 16일, 둘째 날은 7시에 기상해서 호텔식으로 아침을 먹은 후에 한라산 등정에 올랐습니다.

역시 멋진 곳이었습니다. 노루봉을 지나 진달래 밭까지 종진, 준병, 영석, 정훈, 환연, 그리고 나 이렇게 여섯 명은 서로에게 힘을 실어주면서 산을 올라갔는데도 예상했던 것보다 훨씬 더 힘들었습니다.

12시에 진달래 밭에서 나눠 준 점심을 먹고 잠시 휴식을 취한 뒤 12시 40분부터 다시 산에 오르기 시작했습니다. 진달래 밭에서 백록담까지는 2.3km에 불과했지만 너무 힘들었습니다. 그래서 포기하고 싶은 마음이 굴뚝같았지만 꾹 참고 오르다 보니 어느새 백록담 정상이었습니다.

백록담은 화산 폭발로 형성된 산정호수로서 한라산 정상에 있습니다. '백록담'이란 명칭은 흰 사슴을 탄 신선이 내려와서 물을 마셨다는 전설에서 나왔다고 합니다. 무려 왕복 9시간에 걸쳐 다녀온 한라산 백록담 정상 1,950m는 내가 앞으로 살아가면서 어려운 고비가 있을 때마다 큰 힘이 되어줄 것이라고 믿습니다. 힘들어서 포기하고 싶은 일이 있을 때마다 나는 1,950m 높이의 백록담을 떠올리며 참아낼 것입니다.

그렇게 여행 둘째 날의 힘든 일정도 무사히 끝나고 저녁에는 숙소에서 담임선생님과 즐거운 한때를 보냈습니다. 선생님 모시고 우리 반 단체사진을 찍었는데 잘 나왔으면 좋겠습니다.

6월 17일, 셋째 날도 거짓말같이 비는 오지 않았습니다.

남제주군 성산읍에 위치한 일출봉 관람을 시작으로 산굼부리, 성읍민속마을, 정석항공관, 섭지코지 등을 둘러보았습니다. 이장호 감독의 영화 〈공포의 외인구단〉의 한 장면을 촬영했다는 일출봉에서 해돋이를 꼭 보고 싶었는데 짙은 안개 때문에 아쉽게도 무거운 발길을 돌려야 했습니다.

천연기념물 제263호로 지정된 제주 산굼부리분화구는 북제주군 조천읍에 위치하고 있습니다.

산굼부리는 제주도에서 유일하게 폭렬공만으로 된 기생화산으로 화산체가 거의 없는 마르형이라고 합니다. 내가 아무리 지리에 별 관심이 없다 하더라도 화구 안에서 각종 동식물이 자란다는 제주 산굼부리분화구에 대해 설명해준 가이드의 목소리를 그냥 지나칠 수는 없었습니다.

성읍 민속마을은 남제주군 표선면에 위치하고 있습니다. 우리들을 맨 처음 반겨주는 것은 정의현감의 정사를 보던 일관헌이었습니다. 그 맞은편에는 천연기념물 제 161호인 느티나무가 오백년 도읍지로서의 긍지를 위엄 있게 간직하고 있었습니다.

제주도 옛 민가의 특징을 잘 간직하고 있는 그곳은 옛 민가, 향교, 옛 관공서, 돌하르방, 연자방아, 성터, 비석 등의 유형 문화유산과 중산간 지대 특유의 민요, 민속놀이, 향토 음식, 민간 공예, 제주 방언 등의 무형 문화유산이 아직까지 전수되고 있는 곳이기도 합니다. 제주 토박이들이 살고 있는 그곳의 인심은 아주 후하고 넉넉했습니다.

산굼부리에 나와 대천 방향으로 이동하니 남제주군 표선면에 위치한 정석항공관이 나왔습니다. 정석항공관은 대한항공에서 1993년 대전 엑스포 과학 공원에 전시했던 미래 항공관을 그대로 옮겨와 지금의 자리에 재건축해 놓은 것이라고 합니다. 광활한 초원이 이어지는 제동목장 도로를 지나 펼쳐진 평지에 세워진 항공관과 함께 미래의 하늘을 열어갈 예비 파일럿들의 꿈이 영글어가는 제주 비행 훈련원이 자리하여 한국 항공의 메카로 불려지는 곳입니다.

비상을 꿈꾸는 형상의 항공관 안에는 레이저 입체 화면인 서클비전, 벤츄라 시뮬레이션 체험시설, 항공기의 실제 조종석, 우주선 모형, 모형비행기 등이 전시되어 있다고 합니다. 아쉽게도 비행기 조종석을 보지 못한 안타까움을 서커스 공연 관람으로 대신해야 했습니다.

하루 일정을 무사히 마치고 숙소로 돌아와서 저녁을 호텔식으로 먹고 제주에서의 마지막 밤은 심성수련 프로그램 및 캠프파이어를 했습니다. 그날 밤 나는 집을 떠날 올 때의 설렘은 잠시 접어두고 제주에서 보낸 시간들을 주섬주섬 간추려 보았습니다. 때로는 힘들고, 때로는 즐겁고, 때로는 감탄하면서 좀 더 넓은 시야를 가진 것 같습니다. 아름다운 밤이었습니다.

6월 18일, 마지막 날은 일찌감치 눈이 떠졌습니다. 숙소에 흩어졌던 옷가지와 세면도구를 챙기는데 그동안의 일들이 머릿속을 스칩니다.

내가 제주도에서 가장 많이 본 것은 마을이나 주요 시설 앞에 잡귀를 물리치자는 주술적인 의미로, 육지의 장승과 같은 역할을 한다는 돌하르방입니다. 그리고 가장 기억에 남는 곳은 백록담이며, 가장 신비로운 곳은 주상절리이고, 가장 아름다운 곳은 한림공원이었습니다. 마지막으로 가장 오래 간직하고 싶은 것은 담임선생님과 함께 했던 시간입니다.

아침을 먹고 기념품 가게에 들러 잠시 쇼핑을 한 후에 김포공항으로 가는 비행기를 탔습니다. 그리고 점심시간이 조금 지나서 만석공원에 도착한 다음 해산하였습니다. 수학여행 기간 내내 장맛비와 함께 동행하지 않을까 은근히 걱정하면서 출발한 여행은 내 기분을 우울하게 만들지 않았습니다.

수학여행을 다녀와서 기행문을 쓰고 있는 지금 너무 행복합니다. 내가 느끼고 있는 이 행복은 우리들의 안전을 위해서 많은 시간 기꺼이 함께 해주신 교감선생님, 학년부장 선생님을 비롯하여 각 반 담임선생님들과 부담임 선생님들의 사랑과 관심이 있었기에 가능했다고 생각합니다.

한 사람의 낙오자도 없이 무사히 수학여행을 마칠 수 있게 이끌어

주신 모든 선생님들께 감사드리고 함께 좋은 추억을 만들어서 돌아온 2학년 5반 친구들에게도 학급 반장으로서 고맙다는 말을 전합니다. 이국적인 분위기에 흠뻑 젖게 했던 제주도에서의 3박 4일은 내 생애 영원한 푸름으로 기억될 것입니다.

정동진의 두 얼굴

작년 이맘때의 일입니다. 우리 가족은 누나의 생일을 기념하기 위해서 정동진으로 해돋이 구경을 갔습니다. 룰루랄라 콧노래를 부르며 아버지가 운전하신 차로 서너 시간을 달려서 도착한 곳은 기차가 쉬었다 지나가는 정동진의 작은 간이역이었습니다. 새벽 3시였는데 주차장은 벌써 자동차들로 꽉 차 있었습니다. 아버지는 좁은 자동차 길을 몇 바퀴 돌다가 겨우 주차를 시켰습니다. 차문을 열고 밖으로 나오자 여기저기에서 사람들의 웅성거리는 소리가 들렸습니다. 유월인데도 바닷가의 새벽 공기는 꽤 쌀쌀했습니다. 나는 바지 주머니에 손을 넣은 채 자라목을 하고 눈만 치켜들어 하늘을 보았습니다.

'우와!' 나는 움츠렸던 몸을 바로 세우고 깜짝 놀라지 않을 수 없었습니다. 손을 내밀면 금방이라도 별을 딸 수 있을 것만 같았기 때문입니다. 수원의 밤하늘 풍경하고는 너무나 달랐습니다. 내가 늘 보아온 수원 하늘의 별들은 희뿌연 안개 같은 것에 가려져서 하늘도 침침하고 별도 멀리 보였었는데 정동진의 하늘은 그렇지 않았습니다. 맑고 투명하게 보이는 하늘의 별들이 바로 내 머리 위에 떠서 초롱초롱 빛났습니다. 하늘의 별이 그렇게 많고, 하늘의 별이 그렇게 가깝고, 하늘에 별이 그렇게 아름답다는 것을 정동진에서 처음 알게 되었습니다.

춥다는 생각도 잊어버리고 누나와 나는 별을 잡겠다고 울퉁불퉁한 자갈길 위에서 하늘을 향해 양팔을 길게 뻗으며 별이 손끝에 닿기를 기다렸습니다. 잡힐 듯 말 듯 별은 잡히지 않았습니다. 아니 잡을 수가 없었습니다. 우리와 너무 멀리 떨어진 곳에 별이 있기 때문입니다. 한참을 그렇게 별 따기 놀이를 하면서 놀고 있는데 저만치 새벽공기를 가르며 기차의 기적소리가 들려왔습니다.

'뚜우우 뚜우—.'

기적소리는 정동진의 아침을 깨우며 간이역에 도착해서 사람들을 내려놓고 다음 역을 향해 멀어져갔습니다. 작은 열차 안을 빠져나온 사람들이 벌 떼처럼 바닷가 모래밭으로 모여들었습니다. 그렇게도 아름다웠던 밤하늘은 어디론가 사라지고 순식간에 바다 주변이 환해졌습니다. 다섯 시가 조금 지나자 넓은 동해바다 밑에서 불덩이처럼 생긴 해가 푸른 바닷물을 밀치며 삐죽이 얼굴을 내밀었습니다. 그리고는 순식간에 물 위로 둥둥 떠올랐습니다.

'와! 너무 멋있다!'

'찰칵! 찰칵!'

해돋이의 장관을 놓칠세라 여기저기에서 카메라의 후레쉬가 터지고 멋진 포즈를 취하느라 야단들이었습니다. 너무 눈이 부셔서 바다 저편에서 떠오르는 태양을 차마 똑바로 쳐다볼 수가 없었습니다. 이글이글 불타는 불덩이 속에서 알 수 없는 광채가 쏟아져 나왔습니다.

바닷속을 빠져나온 해는 잔잔한 파도가 일렁이는 동해바다에 빠알간 그림자를 만들며 하늘 높이 떠올랐습니다. 너무나 순식간의 일입니다. 정말 아름답고도 위대한 해돋이의 장관이었습니다.

그러나 뒤돌아서 주차장으로 돌아오는 길은 양심 조각들이 아무렇게나 버려져 있는 것을 보았습니다. 조금 전하고는 비교도 되지 않을 정도로 주변이 지저분했습니다. 바닷가 바로 옆에서 고기를 구워 먹는 사람들, 라면을 끓여 먹는 사람들, 먹다 남은 음식물을 길옆에 아무렇게나 버려 둔 사람들도 있었습니다. 간이 화장실에서는 지독한 냄새가 코를 찌르고, 기념품을 파느라 환경에는 아랑곳하지 않는 아저씨, 아주머니들의 얌체 같은 생각과 행동이 고운 모래밭을 엉망으로 만들었고, 음식점에서 흘러나온 하수는 상인들의 후줄근한 양심을 보는 것 같았습니다.

사람들은 누구나 두 얼굴을 가지고 있다는 것을 알았습니다. 고성에 있는 통일전망대를 향해 달리는 아버지의 자동차 안에서 우리 가족은 어머니가 정성스럽게 준비해 오신 김밥을 맛있게 먹었습니다. 간단하게 먹을 수 있는 음식을 준비해 가니 시간도 절약되고 환경오염도 시키지 않아서 기분이 좋았습니다. 아침마다 떠오르는 동해바다의 정동진 해돋이처럼 맑고 깨끗한 장관을 영원히 간직하기 위해서는 우리 모두 한마음이 되어야겠습니다. 내가 다시 정동진을 찾았을 때 인상 찌푸리고 돌아오는 일이 없었으면 좋겠습니다. 맑고 투명한 정동진의 밤하늘 별들을 생각하면서 나는 절대로 환경오염의 주범이 되지 않을 것입니다.

화성 답사

내 방 창문을 열면 제일 먼저 눈에 들어오는 것이 팔달산 정상에 자리 잡고 있는 서장대이다. 14층 아파트에서 손을 뻗으면 금방 잡힐 것처럼 가까운 곳에 수원성을 두고도 성곽 순례 한 번 제대로 하지 못하고 지내다가 이번 여름방학을 이용해 화성 답사를 하였다. 날씨는 더웠고 사람들은 많았다. 외국인들의 모습도 종종 눈에 띄였다. 그 중에서 가장 인상 깊었던 외국인은 내 또래 정도의 일본인 학생들이었다. 수학여행을 왔다고 했다. 그들은 교복을 입고 있었다.

먼저 첫 출발지를 우리 아파트에서 가까운 화서문으로 정했다. 보물 제403호인 화서문은 수원성의 서쪽에 자리 잡은 문으로서 네모난 돌을 높이 쌓아서 만든 축대 위에 세워진 1층 건물로 되어 있다. 홍예문과 문의 앞쪽에 벽돌로 쌓은 반달 모양의 옹성이 있는데 그 옹성은 성문을 보호하고 성을 지키기 위한 구실을 한다고 한다. 그렇게 멋진 화서문을 출발하여 서북공심돈과 북포루 그리고 북서적대를 지나 장안문까지의 거리는 비교적 짧았다.

장안문은 수원에서 서울로 가는 관문 역할을 했을 뿐만 아니라 한양에서 출발한 임금을 맞이하는 문이었다고 한다. 특히 장안문에는 다른 성에서는 찾아 볼 수 없는 오성지라고 부르는 옹성이 있었는데 출입문이 한가운데로 만들어진 것이 특징이었다. 그것은 유사시 적의 공격에 대비해서 설계된 것이라고 한다. 옹성 출입문 위에는 누조라고 하는 큰 물통이 있었다. 그것은 유사시 성문에 불을 지르려는 적을 향해 그 구멍으로 물을 부어 성문을 보호하고 적의 공격을 저지할 목적으로 설계되었다고 한다. 나는 거기서 우리 선조들의 지혜를 엿볼 수 있었다. 추녀선이 지붕 꼭대기에서 처마 끝까지 길게 내려오는 우진각 지붕을 배경으로 찰칵! 기념 사진을 찍고 다시 북동적대를 지나서 걷다 보니 일곱 개의 수문이 그림처럼 아름답게 펼쳐진 화홍문과 방화수류정이 나왔다. 방화수류정에 다다르니 시원한 바람이 살랑거리며 내 온몸의 젖은 땀을 식혀주었다. 기분이 좋았다. 북암문과 동북포루를 지나 동북공심돈까지 가는 길은 약간 오르막이었다. 동북공심돈을 지날 때는 동장대에서 활시위를 당기는 사람들의 여유로운 모습도 볼 수 있었다.

동북노대와 창룡문 그리고 동일포루와 동일치, 동이치를 지나 봉돈에 이르러 잠시 휴식을 취했다. 꽁꽁 얼려 간 얼음물도 어느 정도 녹아 있었다. 나는 푸른 하늘빛처럼 시린 얼음물 한 모금을 마셨다. 정말 속까지 시원해진 느낌이었다. 아침에 게으름을 피운 탓에 조금 늦게 출발해서인지 시간은 벌써 정오를 지나고 있었다.

내가 서둘러 동이치와 동삼치를 지나쳤을 때 하나로 이어지던 성벽 길은 더 이상 이어지지 않고 끊겨 있었다. 하는 수 없이 아쉬움을 삼키며 동남각루에서 내려온 나는 지동시장을 거쳐 팔달문을 지나

화양루와 서남암문을 보고 서장대까지 무사히 오를 수 있었다.

팔달문을 지나면서부터는 계속 오르막길이었다. 숨이 턱까지 차오르는 것을 참으며 정상에 오르고 보니 내가 방 안에 앉아서 창문 너머로만 보아왔던 서장대가 턱하니 자리 잡고 있었다.

정상에 올라서니 수원 시내가 한눈에 쏙 들어왔다. 높고 낮은 빌딩숲 사이로 한여름 햇살이 싱그럽게 부서져 내리고 있었다.

깔끔하게 자리 잡고 있는 벤치에 앉아 한참을 쉬었다가 다시 길을 나섰다. 팔달산에서 올라 올 때와는 달리 서일치와 서북각루를 거쳐 처음 출발지였던 화서문을 향해 걷는 길은 내리막이었다. 정상을 거쳐 내려갈 때의 발걸음은 정말 가벼웠다.

세계유네스코에 등재된 위대한 화성(5.7km)을 한 바퀴 돌고 나니 세상을 다 얻은 것만큼 흐뭇했다. 수원에 살고 있다는 사실 하나만으로도 나는 충분히 행운아란 생각이 들었다.

선택

중학교에 입학해서 첫 시험을 치르고 성적표를 받아 부모님께 드렸을 때의 일이 생각난다.

"어어, 우리 아들 정말 대단하네. 아빠, 엄마가 생각했던 것보다 성적이 잘 나왔네."

나는 그때 뒷머리를 긁적이며 겸연쩍어 하면서도 속으로는 내심 죄송했다. 부모님의 그 말씀이 무엇을 의미하는지 나는 다 알고 있었기 때문이다. 속으로는 아들인 내가 다른 친구들보다 공부를 더 잘해 주었으면 하는 바람을 가지고 계신다는 걸 나도 알 수 있는 나이니까 말이다.

그때 부모님께서 격려 대신 핀잔을 하셨다면 나는 과연 어떻게 되었을까. 지금 생각해도 아찔한 현기증이 난다. 두드러지게 뛰어난 특기가 있는 것도 아니면서 그저 평범한 열네 살 소년일 뿐인 내가 성적이라도 좋아야 할 것이라는 생각을 못한 것은 아니다. 이렇듯 부족

함이 많은 아들인데도 야단은커녕 학교생활에 잘 적응해 주는 것만으로도 고맙다고 말씀하신 우리 부모님을 향한 내 존경의 마음을 한 결 높게 쌓을 수 있는 계기를 만들어 준 책이 바로 헤르만 헤세의 『수레바퀴 아래서』였다.

무덥고 지루한 여름을 잊게 해준 주인공 한스의 마지막 선택은 내게 너무나 큰 충격과 많은 여운을 남겨 주었다. 낚시를 즐기고, 토끼와 자연을 사랑했던 한스 기벤라트. 소심하고 내성적이며 섬세한 감성을 지닌 그는 어려서부터 공부를 잘해 홀아버지와 마을 사람들의 큰 기대를 받으며 성장한다. 숲 속의 나뭇잎들이 햇볕을 받아 반짝반짝 빛나는 걸 보면서 산책하는 것이 좋았고, 강이나 바다에서 자유롭게 헤엄치며 살아가는 물고기들과 함께 노는 것이 더 좋았던 아이 한스 기벤라트! 그는 선천적으로 타고난 끼, 능력, 소질, 취미, 흥미 같은 건 완전히 무시한 채 오로지 주변 사람들의 기대를 충족시켜주기 위해서 수재들만 들어간다는 튀벵겐 신학교를 선택하게 된다. 그 이유는 목사가 되어서 아버지와 학교 교장선생님과 마을 사람들에게 기쁨을 안겨주기 위해서였다.

하지만 천재적이고 반항적인 친구 헤르만 하일러를 만난 이후로 엄격한 규율과 지식만을 강요하는 신학교 생활이 한스에게 점점 견디기 힘든 고통이 되고 만다. 그것은 곧 자신의 의지대로 선택한 길이 아니었기에 더욱더 견디기 힘든 일이었는지 모른다. 만일 한스 기벤라트가 진짜 좋아하고 잘 할 수 있는 특기를 살려서 선택한 길이었다면 중도에 학업을 포기하는 일은 없었을 것이다.

나는 책을 읽는 내내 한스의 방황과 좌절을 지켜보면서 마음이 무거웠다. 그가 힘들게 입학한 신학교를 포기한 것보다 내 마음을 더욱더 무겁게 했던 것은 시간적 배경이었다. '교육이란 결코 시공을 초월한 바통 이어받기가 아닐까?' 라는 착각을 하지 않을 수 없었다.

하루가 다르게 업그레이드된 변화의 물결에 교육만은 왜 함께 흐를 수 없는 것일까. 도대체 이유가 뭘까. 그리고 자신의 적성에 맞는 공부를 한다면 훨씬 더 능률적일 텐데. 현실은 그렇지가 않다. 지금 우리가 처해 있는 교육 현장을 둘러봐도 대부분의 학생들은 한스가 살았던 1900년대와 별반 다를 것 없는 교육 형태를 이어가고 있다. 뭐든지 최고! 최고! 누구나 좋아하는 그 최고라는 단어가 문제인 것 같다. 그것은 어른들의 지나친 욕심이 만들어낸 병폐라고 생각한다. 자신의 일에 최선을 다해서 걸어온 과정을 중시하기보다는 마지막 결승점에서 '최고' 라는 깃발을 흔들어 주길 간절히 바라는 어른들의 빗나간 기대 말이다. 어느 누군들 최고의 자리에 우뚝 서고 싶지 않은 사람이 있겠는가.

고향으로 돌아온 한스는 무기력과 우울증으로 방황하다 기계공으로 취직하여 새로운 삶을 시작하지만 힘든 노동과 정신적 갈등을 겪으며 일주일을 보낸 후 첫 일요일에 취해서 혼자 돌아오다가 물에 빠져 죽고 만다. 결국 자신의 내면세계와 조화될 수 없는 삶의 수레바퀴 밑에 깔려 죽어간 그의 마지막 선택에 대한 진실은 한스만이 알고 있을 것이다.

언제까지나 어른들의 마음을 기쁘게 해줄 것 같았던 그의 좌절을 보면서 마음이 아팠다. 모든 일을 자신의 의지대로 선택했다면 그런 종말은 없었을 것이라고 생각한다. 그의 최후 선택은 한스 자신에게도 문제가 있다고 생각한다. 그는 솔직하지 못했다. 자신의 적성에 맞지 않은 길을 걸어가야 할 입장에서도 어쩌면 칭찬 받는 일에 더 우쭐해 있었는지 모른다. 그래서 한스 역시 자신의 적성이나 소질하고는 상관없이 최고를 향해 걷고 싶었는지 모른다. 튀벵겐 신학교를 졸업하고 목사로 살아가는 일이 오를 수 없는 나무라는 걸 그는 처음부터 다 알고 있었는지도 모른다. 그를 둘러싼 어른들은 어른들대로 대리만족을 꿈꿨을 테고, 한스 또한 그 나름대로의 우월감에 젖어 있었을지도 모른다. 모든 일에는 원인과 결과가 있기 마련이고 그 결과는 항상 원인에 정비례하지 않던가 말이다.

이십일 세기의 주인공으로 살아남기 위해선 우리 모두의 생각이 궤적처럼 답답한 틀을 깨고 새롭게 태어나야 할 것이다. 자신의 앞날을 개척하며 살아갈 책임은 바로 나 자신이기 때문이다. 잔꾀와 속임수가 용납되지 않은 정직한 스포츠 마라톤, 그곳에도 영광의 승리자와 비참한 꼴찌는 있기 마련이다. 일 등을 향해 보내는 갈채도 좋지만, 비록 승리의 월계관은 쓰지 못했을지라도 최선을 다해 완주한 꼴찌의 마라토너에게 아낌없는 찬사와 박수를 보낼 수 있는 세상이 되었으면 좋겠다. 나는 지금 그런 미래를 꿈꾸어 본다. 어떤 일을 함에 있어 결과도 중요하지만 과정 또한 그에 버금가기 때문이다.

일 등을 하지 않으면 성공하지 못하고 성공하지 못하면 살아남지 못한다고 믿는 우리 사회의 극단적인 이기심과 병폐는 이제 사라져야 할 것이다. 이제 우리는 좀 더 솔직해질 필요가 있다. 내가 정작 할 수 있는 일이 무엇인지 크게 한번 외쳐보자. 맘껏 얘기해 보자. 일 등만이, 공부만이 꼭 성공의 열쇠를 쥐고 있는 것은 아니라고 생각한다. 이 작품은 이렇듯 획일화된 교육 풍토의 극단적인 단면을 잘 보여주고 있다.

문득 '타산지석(他山之石)' 이란 한자 숙어가 스치듯 떠오른다. 내가 꿈꾸는 미래를 정복하기 위해선 나 자신부터 솔직해야겠다는 생각을 다짐하듯 되뇌어 본다. 속마음을 툭 터놓고 거짓 없이 나눈 대화만이 영원한 희망을 지켜줄 테니까 말이다.

그래서 한반도는 꿈을 꾼다

2007년은 이 땅에 한국전쟁이 발발한 지 꼭 57년이 되는 해이다. 나는 문득 '57'이란 숫자를 곱씹어 본다. 멀기도 하고 가깝기도 한 시간의 거리가 내 안에 얽혀진다. 지금의 내 나이에 곱하기 3을 하면 '57'이 된다. 하지만 그 숫자 속에 비밀처럼 갇혀버린 세월의 부피나 무게에 대해선 상상이 되지 않을 만큼 괴리감이 느껴진다. 전후세대인 내가 그때의 상황을 헤아린다는 것은 풀기 어려운 수학문제와도 같기 때문이다.

얼마 전에 기말고사 수행평가자료를 찾기 위해 인터넷 서핑을 하다가 '유해발굴 현장보고서'라는 헤드라인이 눈에 띄어 클릭한 적이 있다. 전국 각지의 발굴 현장에서 찾아냈다는 6·25 전사자들의 유해와 유품들이 제각각 기막힌 사연으로 네티즌들의 마음을 울리고 있었다. 수통에 적힌 군번으로 삼촌을 찾은 조카 이야기, 빛바랜 사진 한 장으로 학도병 출신의 동생을 찾게 된 형님 이야기, 그리고 영광 불갑사 기슭에서 전사한 해남경찰서 소속의 한 경찰관은 금이빨이 단서가 되어서 57년만에 아들 품으로 돌아갔다는 이야기도 있었다. 아무런 대가 없이 오로지 나라를 위해 싸우다 숨을 거둔 전사자들의 유해와 유품 사진을 보고 나니 저절로 고개가 숙여졌다. 특히 몇 점의 이미지는 오랫동안 내 기억 속에서 쉽게 지워지지 않았다. 그 중 한 점은 철모를 쓰고 군화를 신은 채, 뼈만 앙상하게 남아 있는 이름 모를 사관생도의 유해인데 적진을 향해 공격자세로 엎드린 채 전사한 모습이었다. 그리고 또 한 점은 적군의 실탄에 맞아 잔혹하게 찢겨진 수통 컵과 함께 전사자가 미처 마시지 못한 물이 오랜 세월 그대로 담겨진 채 발굴된 낡은 수통이었다. 나는 이 기사를 접하고 가슴이 먹먹해서 한동안 다른 일이 손에 잡히지 않았다. 정말 슬펐다. 그동안 책에서만 읽었던 민족상잔의 비극이란 말이 무슨 뜻인지 어렴풋하게나마 짐작할 수 있게 해준 이미지들이었다.

이러한 6·25 전사자 유해발굴 사업은 정부가 지난 2000년 한국전쟁 50주년 사업의 일환으로 설정한 정책이며, 이에 군은 국방부 유해발굴 감식단을 창설하여 국가적 과업으로 현재도 계속 진행 중에 있다고 한다. 인터넷에 올려진 전사자들의 유해와 유품에 관한 사진이나 기사를 보면서 이런 사업이 좀 더 일찍 추진되었더라면 좋았을 것이라는 아쉬운 마음이 들었다. 그 이유는 현재까지 총 1,797구의 유해를 발굴하여 신원이 확인된 유해는 53구이며, 유가족의 품으로 돌아간 유해는 그 중 25구에 불과했기 때문이다. 이는 현재 우리 사회에서 차지하고 있는 전쟁세대들의 숫자가 그만큼 줄어들었다는 의미일 것이다. 어리석음이 확인될 때 과거는 한순간에 휘발되는 것이라고 했던가. 참으로 안타까운 일이 아닐 수 없다.

이처럼 조국 수호에 초개같이 목숨을 바치신 호국 영령들의 넋이

편안하게 잠들 수 있도록 하는 일은 지금 이 땅에 발붙이고 살아가는 우리 모두의 책임이자 의무라고 생각한다. 그분들의 희생이 없었다면 우리가 어떻게 컴퓨터를 하고, 핸드폰을 사용하고, 피자나 햄버거를 먹고, 공부를 하고, 영화를 보고, 해외여행을 다니고, 사랑하는 가족과 함께 행복하게 살아갈 수 있겠는가. 이는 모두 그분들의 커다란 공적 때문이다. 우리가 그 공적에 보답하는 길은 곧 남북평화통일을 이룩하여 남과 북이 한민족으로 살아가는 모습이 아니고 무엇이겠는가. 나는 그렇게 생각한다.

반세기가 훌쩍 넘게 서로 다른 이념과 사상을 가지고 살아온 남북한이 어느 날 갑자기 하나로 합쳐진다면 적잖은 충돌이 일어날 것이다. 이는 정치·경제·사회·문화, 그리고 언어의 장벽까지 인내하면서 넘어야 할 장애물이 많다는 뜻이다. 그렇다고 같은 민족끼리 언제까지나 총을 겨누면서 살아갈 수는 없지 않겠는가. 이제는 남북평화통일을 위하여 국민 모두가 적극적으로 나서서 힘과 지혜를 모아야 할 때이다. 시작이 반이라고 하지 않던가. 지금 당장 그 불씨를 지펴야 할 것이다.

나는 잠시 통일이 되었을 때의 단점과 장점에 대하여 생각해 보았다. 우선 가장 큰 단점을 꼽는다면 첫째, 국민들이 부담해야 할 세금이 늘어날 것이다. 둘째, 문화적 이념의 차이에서 오는 혼란과 무질서로 인하여 많은 어려움이 발생할 것이다. 셋째, 북한 땅에 대한 남한 사람들의 무분별한 개발로 잘 보존된 자연 생태계가 파괴될 것이다. 넷째, 군사적으로 중국과 대치해야 할 것이다.

반면, 가장 큰 장점으론 첫째, 7천만으로 늘어난 인구의 증가는 곧 경제대국의 발판이 되어줄 것이다. 둘째, 남쪽의 우수한 기술력과 북쪽의 지하자원 개발은 산업발전에 무한한 에너지원이 되어줄 것이다. 셋째, 군입대에 대한 부담감은 줄어들고 국방력은 강화될 것이다. 넷째, 현재의 휴전 상태가 국민정서에 미치는 불안감이 사라질 것이다. 다섯째, 미국과 러시아의 굴레에서 벗어나 주체적으로 행동할 수 있으며 국제적 위치 또한 강화될 것이다. 여섯째, 세계적 스포츠 강국이 될 것이다. 일곱째, 동아시아의 반도국으로서 아시아와 유럽을 연결시켜주는 중요한 지리적 요충지로 우뚝 설 것이다. 여덟째, 국방비를 줄일 수 있을 것이다.

이렇듯, 남북평화통일이 된다면 잃은 것보다 얻은 것이 더 많을 것이라고 확신한다. 물론 힘들고 어려운 일들도 많이 있겠지만, 희망을 버리지 않고 장기적인 안목으로 차근차근 준비해 나간다면 우리는 분명히 한민족으로 거듭 태어날 수 있다고 믿는다. 그래서 한반도는 오늘도 꿈을 꾼다. 군사분계선을 허물고 남북이 하나 되어 세계 속의 대한민국으로 우뚝 서는 그날이 꼭 오리라고. 그렇게 되기 위해서는 우리 모두 통일을 향한 객체가 아닌 주체로서 맡은바 책임을 다해야 할 것이다. 그것은 능동적이고 주체적으로 대처해야만 가능한 일이기 때문이다.

행복 철학의 이중주

―『마음으로 보는 세상』의 즐거움

정남채
(시인 · 문학평론가 · 월간『문학세계』편집주간)

1. 마음으로 보는 삶의 행복 철학

이 세상은 보이는 것과 보이지 않는 것이 있다. 보이는 것을 잘 인식하는 사람은 인상주의 작가로 거듭 태어날 확률이 높으며, 보이지 않는 것을 잘 인식하는 사람은 초현실주의 작가로 거듭 태어날 확률이 높을 것이다. 이러한 결과는 먼저 상대방에 대해 '다르다' 라고 전제해야 나올 수 있는 결과이다. 비디오 아티스트로 널리 알려진 고(故) 백남준 작가가 세계적인 언론매체들로부터 인터뷰 세례를 받던 중 생긴 유명한 일화가 있다. "내가 세계 최고의 예술가로 찬사 받는 것은 바람직하지 않다. 다만, 나는 다른 예술가보다 다를 뿐이다."라고 말해 그의 시각이 얼마나 열린 사고를 갖고 있었는지 느낄 수 있었다. 마찬가지로, 김주훈의 작품 세계는 한마디로 '열린 의식, 열린 문학' 을 구현하는 변화의 에너지가 태풍의 눈처럼 번뜩이고 있었다.

김주훈은 이제 홀로서기를 한 것이 아니라, 홀로 거대한 바다 위를 항해하는 선장과 같다. 그 선장은 화려한 배에 올라탄 독자라는 고객을 위해 최고의 사명감으로 쾌속 항진을 해야 할 책임과 의무가 있는 것이다. 그 멋지고 아름다운 쾌속 유람선이 어디를 가든 변함없는 안

정감과 속도감을 유지하는 것이 무엇보다 중요한 것이다. 만약 세계 최고의 호화 유람선인 타이타닉호처럼 미래를 예측하지 못한 항해로 배가 가라앉는 시기가 온다면, 선장은 쓸쓸한 운명을 맞이할 것이다. 그래서 작가는 종종 선주나 선장에 비유되는 것이다. 배의 운명과 함께 하는 자, 멋진 운명이 아닐까? 어찌 되었든 자신이 마지막까지 배와 운명을 함께하는 것은 주인된 자의 마지막 자존심이 아닐는지 모른다.

마음으로 세상을 보는 방법은 쉽지만, 결코 실천하기 어려운 삶인 것이다. 그런 삶을 작가의 눈으로 직조해 세상에 찍어내는 능력과 철학이 고스란히 김주훈의 『마음으로 보는 세상』에 담겨 있다. 아마 그의 글을 읽는 순간부터 독자는 세상을 바라볼 수 있는 마음의 눈을 얻게 될 것이다. 즉, 세상엔 보이지 않는 곳에서 행복을 키워나가는 사람들이 무척 많으며, 이들의 밝은 빛을 발굴하여 더 의미 있게 만드는 일은 역시 작가의 몫이다.

우리 가족 단골 세탁소 이름은 장애인 부부가 운영하는 〈행복세탁소〉입니다. 사람들이 사장님이라고 부르는 주인아저씨는 선천성 소아마비로 한쪽 다리를 절룩거리고, 사모님이라고 부르는 주인아주머니는 등이 낙타처럼 볼록하게 튀어나온 꼽추로 키가 아주 작습니다.

〈행복세탁소〉는 인기가 아주 많습니다. 그 이유는 어떤 세탁소보다 깔끔하고 정성스럽게 세탁물을 손질해 주기 때문입니다. 아저씨는 이른 아침에 세탁물을 수거해 가시고 아주머니는 저녁 늦게 손질한 세탁물을 직접 배달해주십니다.

두 분 모두 비장애인보다 불리한 신체 조건으로 살아가는데도 매사 긍정적이고 밝습니다. 자신들의 처지를 불평하지 않고 언제나 웃는 얼굴로 최선을 다하시는 모습이 아름답습니다.

우리 어머니는 〈행복세탁소〉를 10년 넘게 이용하고 계시는데, 약속 날짜를 어긴 적이 한 번도 없다고 하셨습니다. 지금은 〈행복세탁소〉로부터 멀리 떨어진 동네로 이사를 왔는데도 어머니는 일부러 그곳까지 세탁물을 맡기러 다니십니다. 그것은 모두 따뜻한 기억 때문이라고 말씀하십니다.

'따뜻한 기억!'

문득 나도 누군가에게 그런 존재로 남아야겠다는 생각을 해봅니다.

누군가 먼저 말해주기 전에는 그들이 장애인이라는 사실을 전혀 눈치 챌 수 없을 만큼 성실하고 당당하게 생활하시는 주인아저씨와 아주머니의 얼굴엔 언제나 환한 미소가 흐르고 있습니다. 나는 아저씨와 아주머니를 볼 때마다 진짜 장애인은 신체의 일부가 불편한 사람을 가리키는 것이 아니란 생각을 하곤 했습니다.

—「마음으로 보는 세상」 중에서

자신과의 약속은 누구나 있을 것이다. 그 약속은 바로 행복에 대한 믿음이다. 자기 자신에게 행복을 약속하는 작가가 되어야 한다. 자기 자신이야말로 가장 작은 최소의 독자이지만, 내 안의 또 다른 적일 수 있다. 그 안에 있는 적과 수천 번의 전투를 경험했을 것이다. 사람에겐 저마다 행복 철학과 행복 법칙이 있다. 이 행복과의 거리가 확장되면 될수록 다른 사람들도 행복한 삶을 공유할 수 있는 것이다. 바로 그 확장의 개념을 통해 김주훈은 행복에 대해 어필하고 있다. 그 거리가 행복 미학일 수 있다. 다시 말해, 행복의 미적 거리인 것이다.

자기 자신만 홀로 은밀히 느끼는 행복은 세상 사람들에게는 의미가 없다. 차라리 은밀한 즐거움조차 타인과 공유하는 즐거움이 더 큰 파괴력이 있다. 그것이 바로 행복의 놀라움이요, 행복의 위대성이다. 여기서 타인이란 독자들을 뜻한다.

작가에게 재산이란 무엇일까?라고 묻는다면, 첫째, 돈. 둘째, 명예나 지위. 셋째, 독자. 넷째. 상상력 등의 답변이 나올 것이다. 김주훈은 적어도 셋째, 독자라고 말할 수 있는 작가가 될 것으로 믿는다. 왜냐하면 그의 작품은 21세기 톡톡 튀는 대중성을 확보하고 있기 때문이다. 물론 탄탄한 구성력 또한 구비가 되어 있는 작가적인 역량도 충분하다.

그 구성력은 매일매일 행복을 가득 실은 여객기가 되어 큰 파도를 헤쳐 나가고 있는 것이다.

2. 나눌수록 커지는 행복

스타어거가 '과거는 회상의 보물이다.'라고 말했다. 이는 내가 존재하고 있는 현재는 과거라는 경험적인 시간들이 모여 이룩한 것의 결과물이라는 것이다. 그러한 결과물들이 자신의 미래를 떠받쳐주는 요인으로 또 작용할 것이다. 지금까지 어떠한 방식으로 살아왔던지 그것은 미래의 한 축이 되어 변화의 중심이 된다는 데 그 의의가 있다. 그러나 변화의 틀은 과거 지향의 방식에서 탈피해야 생산성 있는 미래적 요소들이 창출되는 것이다. 인간은 누구나 자기 목소리가 있기 마련이다. 그 목소리의 크고 작음에 따라 독특한 삶의 모습으로 다르게 반영되어 나타나기도 하고, 가치 있는 삶의 방식도 얻게 되는 것이다.

김주훈이 『마음으로 보는 세상』을 통해 강력한 메시지를 던져주고 있는데, 그러한 메시지는 크게 두 가지의 측면에서 이루어지고 있다.

첫째는 인간의 삶을 문학적으로 조명하고 있다. 그리고 그 삶 속에서 초연의 경지를 발견하고 있다. 초연은 누구나 인식하는 것이지만, 달관의 경지란 말이 적당할 것이다. 달관은 그냥 체념의 상태가 아니다. 마음으로 세상을 안고 바라보는 시각을 말한다. 세상을 다 포용하면 할수록 더 따스하고 더 내면화된 인간 그 자체의 존재 의의를 체득하게 된다. 이 세상에서 한목소리로 한 방향을 지향하는 사람들만큼 대단한 존재도 없다. 인간의 삶을 아름답거나 뜻있게 조명하는 일은 성직자들이 다루는 영역 중에 하나이다. 그러한 영역은 예술가들의 영역이기도 하다. '인간다운 삶이 무엇인가?'를 고민하고 몸부림치며 들풀들에게 별빛을 심고 의미를 부여하고 있는 김주훈의 글은 특별하면서 매우 신선하다.

둘째는 행복에 대한 작가의 인식이다. 행복은 누구나 추구하고 싶은 것 중에 하나다. 요즘 사회에서 행복학이 하나의 이슈로 급부상하고 있는 이유는 간단하다. 바로 실종된 자아를 되찾자는 것이다. 현실은 보이는 것에 치중하게 만든다. 또, 현실은 경제이다. 다람쥐 쳇바퀴 돌듯 반복되는 일상은 인간을 하나의 기계적인 삶을 위한 주체로 만든 것이다. 이렇듯 현실은 인간의 사유를 무너뜨렸다. 현실과의 전쟁을 촉발시켰다. 즉, 현실이라는 '쩐[錢]의 전쟁' 속에 살고 있다. 자본주의 사회는 쩐의 위력을 가중시키는 공간이며, 장소이다. 마음에서 우러난 따뜻한 말 한마디는 정이 그리운 간절하고 절박한 상대일수록 큰 감동이 되어 돌아온다. 쩐은 얻을수록 불행한 것이다. 인간성을 상실한다. 인간조차 쩐의 목적과 수단으로 여긴다. 그런 쩐의 미학을 가진 사람들은 결국 쩐보다 더 중요한 것이 인간 그 자체라고 인식하게 되는데 불과 몇 십 년이 걸리지 않는다. 왜냐하면 인간은 고독하고 외로운 존재이기 때문이다. 고독하고 외로운 것을 쩐으로 메웠으나 그 쩐은 인간의 마음속을 채울 수 없는 뿐 아니라, 오히려 불신의 요인이 된다. 불신은 인간들을 대립하게 만든다. 대립을 거듭할수록 불행이란 씨앗을 잉태하게 된다. 그럼에도 김주훈은 행복을 나누는 대상을 제한하지 않는다. 인간은 모두가 소중한 존재라 여기는 그의 철학이 주요하게 작용하고 있기 때문이다. 따라서 인간은 행복을 나눌 대상으로서 충분한 셈이다.

12월 29일 셋째 날, 우리가 오기 며칠 전에 필리핀은 심한 태풍 피해를 입었다. 그래서인지 여기저기 뿌리째 뽑힌 나무들이 널브러져 있고, 판잣집 지붕은 훌렁 날아가 버리고, 토담은 무너지고, 농로를 따라 길게 이어진 도랑에는 진흙 더미가 겹겹이 쌓여 있었다.

꽉 막힌 도랑의 흙을 퍼내서 물꼬를 터주는 일이 우리가 해야 할 임무였다. 1조부터 9조까지 한마음으로 열심히 도랑의 흙을 퍼냈다. 흙탕물에서 역겨운 냄새가 났지만 꾹 참아가며 쉬지 않고 질퍽질퍽한 흙을 계속하여 걷어냈다. 그날 내가 입고 일했던 옷이며, 양말, 운동화까지 모두 쓰레기통에 버렸다.

세상에 만만한 일은 하나도 없다지만 삽질이 그렇게 힘들 줄 정말 몰랐다. 그러나 우리들의 노력이 헛되지 않았음을 보여준 도랑물 소리에 피곤했던 몸과 마음이 다시 유쾌해졌다.

12월 30일 넷째 날, 비콜 경찰청을 방문하여 경찰청장님과 상견례를 한 다음 Amtec High School 친구들과 함께 특수장애사회복지센터에서 봉사 활동을 하였다.

몸이 불편한 장애인들 목욕시키기, 식사보조, 운동보조, 휠체어 밀고 산책하기, 방 청소 등을 하였는데 그중에서 목욕시키는 일이 가장 어려웠다. 건강한 신체를 가지고 태어났다는 것 하나만으로도 나는 얼마나 축복 받은 존재인가를 새삼 깨달았다. 몸은 비록 자유롭지 못할지라도 항상 웃는 얼굴로 최선을 다하는 그들을 보면서, 내가 그동안 얼마나 나태하고 안일하게 살았는지 많은 반성을 하게 되었다.

세상엔 나보다 잘난 사람도, 나보다 못난 사람도 없이 모두가 평등한 인격체를 가지고 살아간다는 커다란 깨달음을 얻었다.

앞으로 입시 공부를 하면서 힘들고 지칠 때마다 그들을 떠올리며 마음을 다잡을 것이다. 뒤틀리고 오그라진 손을 흔들며 온몸으로 배웅해주던 천사보다 아름다운 그들을 영원히 기억할 것이다.

—「나눌수록 커지는 행복」 중에서

세상에 남과 연관되지 않는 일은 없다. 그 연관된 일을 할 때마다 행복을 느끼는 것은 무엇보다 중요하다. 또한 남을 위한 일은 그 자신도 행복한 것이다. 그 행복은 함께 나눌수록 더 커지는 것이다.

3. 행복은 행운을 꽃피운다

맑은 아침을 장식하는 새들의 지저귐 소리는 눈을 화들짝 뜨게 한다. 삶은 행복과 행운이 동시에 널브러져 있다. 그런 널브러진 삶을 제대로 반추해내고 형상화시키는 작업은 그리 쉬운 일만도 아니다.

김주훈은 이런 형상화 작업을 나름대로 준비하고, 잘 숙성시켜서 세상에 내놓는다.

언젠가 텔레비전을 보다가 세 잎 클로버는 행복이고, 네 잎 클로버는 행운이라는 말을 들은 적이 있습니다. 저는 행복이라는 말도 좋아하고, 행운이라는 말도 좋아하지만 어쩐지 세 잎 클로버 속에 숨어 있는 네 잎 클로버를 찾고 싶은 마음을 숨길 수가 없었습니다. 갑자기 제가 요행을 바라고 있을지도 모른다는 생각이 들었습니다. 솔직히 그랬습니다. 누나한테 아니라고 말했지만 저는 마음속으로 몰래 주문을 외우고 있었습니다. 11월 15일에 치러질 대입 수학능력 시험에서 좋은 결과가 나오기를 소망하는 마음으로 네 잎 클로버를 찾고 있었던 것입니다. 그런 우연 같은 건 있을 수 없다는 걸 잘 알면서도 제 속마음을 누나한테 들켜버린 것이 못내 아쉬웠습니다.

"이것 봐."

이런 내 마음을 아는지 모르는지 누나는 막대기로 땅바닥에 뭔가를 한참 긁적이더니 내 팔을 흔들며 말했습니다.

"알파벳 'CLOVER' 속에는 'LOVE'란 단어도 숨어 있거든. 그러니까 행운을 찾겠다고 너무 집착하지 마. 모든 것은 네 마음속에 다 들어 있단다."

그랬습니다. 누나는 세상에 쉽게 얻어진 것은 아무것도 없다고 말했습니다. 행복, 행운, 사랑도 최선을 다한 후에 받은 노력의 선물이라고 충고하였습니다.

—「네 잎 클로버」 중에서

「네 잎 클로버」에서 행복, 행운, 사랑은 최선을 다한 후의 결과로써 받은 선물이라고 표현한다. 최선을 다한 삶 속에는 그 결과가 어떤 방향으로 가든 후회보다는 보람과 기쁨이 동반한다. 그러한 보람과 기쁨도 행복이다. 행복은 우연히 다른 사람이 나에게 만들어주는 것이 아닌, 내가 주체적으로 키워나가야 하는 신념의 대상인 것이다. 그래야 비로소 행복과 행운, 사랑을 만끽하는 주인공이 된다. 주체로서 행하고 주체로서 느끼는 시간 속에서 행복 휴머니티를 찾을 수 있는 것이다.

그러므로 행복을 예견하고 행운을 꽃피우는 시간이야말로 매우 존귀하고 향기 있는 인생을 설계하는 시간인 것이다. 인생의 설계도가 완성되면 매우 품위 있으면서도 단단한 집을 짓게 된다.

행운목 꽃은 참 신기했습니다. 이파리의 맨 꼭대기 부분에서 진초록 기다란 꽃대궁을 밀어내어 그 꽃대궁의 마디마디에 어긋나기로 꽃송이를 달았습니다. 꽃의 색깔은 하얗고, 꽃의 모양은 길고 조그마한 꽃송이들이 한데로 어우러져서 동그란 공처럼 생겼습니다.

꽃의 개화 시간은 해질 무렵에서 다음날 해뜨기 전까지입니다. 그리고 한 번 핀 꽃은 다시 꽃잎을 여는 일이 없습니다. 불과 몇 시간을 살기 위해서 꽃들은 그렇게 힘든 선택을 한 것입니다. 꽃이 피고 지기를 반복하는 기간은 14일 정도였습니다. 꽃이 피었다 시든 자리를 들여다보면 제 몸에서 밀어낸 송진 같은 '액'이 진득진득하게 흐르다 굳어 있습니다.

"어유, 안쓰러워라."

진녹색의 이파리 위에 엿물처럼 뚝뚝 떨어져서 굳기 시작한 행운목 '액'을 손가락으로 눌러보시던 어머니의 목소리가 갑자기 흔들리십니다. 꽃을 피운다는 것이 어린 내 눈에도 힘들어 보였습니다. (중략)

세 번째 행운목 꽃이 피었던 그때 행운목 두 그루가 동시에 꽃을 피웠습니다. 그러니까 지금까지 우리 집에서는 총 네 그루의 행운목 나무가 꽃을 피운 것입니다. 주변 사람들에게 이런 이야기를 들려주면 평생에 한 번 보기도 힘들다는 행운목 꽃이 어떻게 네 번씩이나 꽃을 피울 수 있느냐며 정말 신기한 일이라고 반응합니다.

그중에서도 수십 년 동안 온갖 식물들 속에서 살아오셨다는 우리 동네 꽃집 아저씨의 말씀에 따르면 우리 집은 화초들이 건강하게 자랄 수 있는 최적의 환경을 갖추었다고 합니다. 무엇보다 집 안에서 담배 피우는 사람이 없기 때문에 그런 행운이 자주 찾아오는 것이라고 축복해 주십니다. 세상에 요행은 아무것도 없다는 생각이 들었습니다.

—「행운목 꽃이 피었습니다」 중에서

김주훈이 지은 집은 행복으로 가득 찬 집이다. '행운'과 '사랑'이란 이중주를 통해 행복 철학을 완성하고 있었다. 그 집 안으로 들풀들을 초대하고 있었다. 더불어, 행복의 설계도를 통해 문학적인 삶을 창조해내고 있다.

김주훈의 수필 중에는 「어머니 울지 마세요」, 「민들레」, 「기억의 습작」 등도 그런 행복의 설계도를 갖고 있었다.

앞으로 톡톡 튀는 어법이 21세기를 이끌어가는 문학의 중심 요소로 작용할 것으로 본다. 그런 면에서 김주훈의 글은 세상을 담아내는 역량이 사이다 맛처럼 톡톡 쏘는 것에 비유될 만큼 명쾌하였다. 대성하여 세상을 빛낼 작가가 되길 바란다.

문학세계대표작가선 489

마음으로 보는 세상

김주훈 수필집

인쇄 1판 1쇄 2007년 6월 15일
발행 1판 1쇄 2007년 6월 22일

지 은 이 : 김주훈
펴 낸 이 : 金天雨
펴 낸 곳 : 문학세계 출판부/도서출판 天雨
등 록 : 1992. 2. 15. 제1-1307호
주 소 : 서울시 성동구 행당1동 196-27번지 3F
전 화 : 02)2298-7661
팩 스 : 02)2298-7665
http://www.moonhaknet.com
E-mail:moonhak@moonhaknet.com

값 8,000원

ISBN 978-89-7954-335-3